JN418214

RENEWING GOD'S

A CONCISE HISTORY OF CHURCHES OF CHRIST

환원 운동 Restoration Movement 2

하나님의 백성을 새롭게

'그리스도의 교회들'의 역사

게리 할러웨이 · 더글러스 A. 포스터 공저
백종구 옮김

쿰란출판사

RENEWING GOD'S PEOPLE

저자 서문

“‘그리스도의교회들’(Churches of Christ)은 정말 교회일치운동으로 시작되었나요? 왜 내가 그걸 몰랐지?”

“우리가 ‘그리스도의제자들’(Disciples of Christ)이라고 불렸나요? 난 그게 또 하나 새로운 교단인 줄 알았어요.”

“현재 ‘그리스도의교회들’은 우리가 처음에 가진 것과 동일한 일을 믿고 실천하고 있어요. 그렇죠?”

‘그리스도의교회들’의 교인들이 하는 이런 말들은 우리 과거에 대한 지식이 아주 부족하고, 많은 사람 자신들이 계승한 것에 대해 알고자하는 바람이 증가하고 있다는 사실을 반영한다. 이 바람은 ‘그리스도의교회들’에 대한 간결한 역사책이 필요하다는 것을 알게 한다. 이 책은 초신자와 기성 교인들에게 우리가 계승한 것에 대한 지식을 제공하려고 한다. 또 미국 기독교 안에서 ‘그리스도의교회들’이 차지한 위치를 잘 모르는 사람들을 위한 입문서이다.

그러나 누군가의 영적 조상을 알아보려는 시도는 가계도를 조사하는 것같이 재미있기도 하지만 한편으로 고통스러운 것이기도 하다. 어떤 조상들과 가정 이야기는 우리를 자랑스럽게 만든다. 반면, 다른 이야기들은 바로 잊어버린다. 우리는 ‘그리스도의교회들’에 속한 사람들로 우리 선조들에게 깊은 감사를 드리며 이 책을 쓴다.

우리는 절대 우리 선조들의 교회를 허물지 않을 것이다. 그러나 정직한 역사가로서 우리가 보는 결점이 있으면 있는 그대로 남김없이 우리의 이야기를 보여줄 것이다.

그래서 우리가 미래에 '그리스도의교회들' 에게 주실 하나님의 복을 기대하는 것처럼, 과거에 하나님이 우리를 어떻게 인도하셨는가를 되돌아볼 것이다. 우리는 우리 과거의 이야기를 단지 재미있는 사소한 일로 보지 않을 것이다. 우리는 이 책이 '그리스도의교회들' 에 속한 우리에게 유용한 과거를 제공하는 데 도움이 되기를 바란다. 우리의 전통에는 우리가 계속 그리스도의 형상을 따라 교회를 개혁하고 적응시키듯이, 오늘날 우리가 회복해야 할 훌륭한 것들이 있다.

이 책은 모든 점에서 공동작업이다. 우리가 함께 이 책을 쓸 때, 우리는 기독교 연합의 어려움과 기쁨을 배웠다. 우리는 항상 동의하지는 않았지만 항상 토론하기를 원했다. 이것은 기독교 연합에 관련된 사람들에게 필요한 태도이다. 이 책에서 다뤄진 초기 지도자들은 토론하고, 듣고, 서로에게 배우려는 자세를 우리에게 본으로 보여주었다.

이 책을 쓰는 동안 우리는 많은 도움을 받았다. 몇 분들은 원고를 읽고 귀한 제안을 해주었다. 특별히 시간을 내어 조언해 준 데브 할러웨이(Deb Holloway), 존 요크(John York), 존 마크 힉스(John Mark Hicks), 린 맥밀런(Lynn McMillon), 리처드 휴스(Richard Hughes), 톰 올브리히트(Tom Olbricht), 마이크 매서니(Mike Matheny)에게 감사한다. 나와 발행자는 사건을 모으고 스캔해 준 랍 소렌슨(Rob Sorensen), 제프 킹(Jeff King)에게 감사한다. 특별히 애빌린 크리스천대학교 환원연구소(Center for Restoration Studies of Abilene Christian University)의 귀중서 담당 사서 어마 진 러블랜드(Erma Jean Loveland)의 전문적인 도움과 봉사 정신에 감사한다.

이 책의 첫 판이 나온 이후, 스톤-캠벨 역사에 대한 최초의 참고도서로 더글러스 포스터가 공동으로 편집한 《스톤-캠벨 운동 백과사전》(Foster, Douglas A., et. al., *The Encyclopedia of the Stone-Campbell Movement*, Eerdmans, 2005)이 출판되었다. 실린 기사들은 흥미있는 정보를 줄 뿐 아니라, 이 책을 읽으면서 이 백과사전에 있는 적절한 기사를 읽으면 재미와 이해를 더해줄 것이다.

한국어 출판 저자 서문

역사를 아는 능력은 하나님으로부터 온 은사이다. 우리는 전에 있었던 사람들과 사건들의 영향을 깊이 받아 형성되었다. 만약 우리가 이런 영향에 무지한 채로 그냥 있다면 우리 자신을 완전히 이해할 수 없다. 이런 영향에 대한 지식을 가짐으로써 우리는 앞선 사람들의 희생에 감사할 수 있고, 그들의 고귀한 행동에 감동하고, 그들의 실수로부터 배울 수 있다.

영적 역사의식을 개발함으로써 우리는 자신의 자리(시간과 장소)에서, 우리보다 앞선 경건한 사람들의 결정과 행동에 너무 얽매이지 않고, 하나님 면전에서 인격적으로 어떻게 행동해야 하는가를 결정할 수 있다.

이 책은 복음을 전하기 위해 20세기에 한국에 왔던 스톤-캠벨 운동에 속한 경건한 사람들의 이야기 가운데 일부를 말하고 있다. 그들은 하나님을 사랑하고, 사람을 사랑했기 때문에 자신을 기꺼이 희생하였다. 그들은 성경과 미국에서 겪은 신앙 체험에서 나온 강력한 이상에 의해 형성되었고, 그런 생각을 한국으로 가져왔다. 21세기 한국 기독교는 이런 고귀한 선생들에게 많은 빚을 졌다. 그렇기 때문에 그들은 큰 사랑과 존경을 받을 만하다. 우리의 영적 성숙 중 일부는 우리가 어떻게 형성되었는가를 이해하면서 이루어진다. 이것이 바로 이 책이 전하려고 하는 것이다.

나아가 이러한 역사적 지식은 복음은 어느 문화, 어느 장소, 어느 시간에도 구원에 이르게 하는 하나님의 힘이라는 것을 이해하도록 도와주어야 한다. 우리가, 하나님이 우리를 놓아둔 위치에서 그리고 그 문화에 가장 맞는 방법으로, 신앙과 봉사에서 어느 정도 성장하는가는 우리 각자에게 달려 있다. 나는 스톤-캠벨 운동의 유산을 공유한 한국 교회들이 21세기로 나아가면서 하나님의 복음을 풍성히 받기를 기도한다.

더글러스 A. 포스터

역자서문

이 책은 텍사스 주 애빌린 크리스천대학교의 더글러스 A. 포스터(Douglas A. Foster) 교수가 환원운동의 역사에 관심 있는 한국 학생들을 위해 추천한 책이다. 역자는 2007년 내슈빌에서 열린 제17회 그리스도의교회 세계대회 폐막식 직후, 포스터 교수에게 한국에서 환원운동의 역사 교과서로 쓸 책을 추천해 달라는 부탁을 드렸다.

2008년 가을부터 틈나는 대로 번역을 시작하여, 2009년 여름 초역이 완성되고, 이 초역을 2009년 2학기 대학원 세미나 교재로 사용하였다. 그리고 이후 한두 차례 교정을 거쳐 2010년 여름에 최종 번역이 완성되었다.

이 책은 현존하는 세 그룹의 그리스도의교회, 곧 그리스도의교회(무악기), 그리스도의교회(유악기), 그리스도의교회(제자회) 가운데 그리스도의 교회(무악기)의 역사만을 다루고 있다. 하지만 강의실에서 그리스도의교회(제자회)와 그리스도의교회(유악기)의 역사, 특히 1906년 이후의 역사를 보충하면 그리스도의교회 전 역사를 조명할 수 있다.

이 책이 강의실에서 효과적인 교재로 사용되기 위해서는 교사와 학생들의 사전 준비가 필요하다. 매주 교사와 학생들은 그 주에 다루어질 장과 매 장 끝에 나와 있는 참고 도서를 미리 읽고 토의할 질문에 대한 답을 연구해야 한다. 원서에 나와 있는 '스터디 가이드' 부분은 한국에서는 필요하지 않다고 생각하여 번역을 하지 않았다.

이 책에서는 그리스도의교회(무악기), 그리스도의교회(유악기), 그리스도의교회(제자회)를 원래 영문 Churches of Christ, Christian Churches, Christian Church 혹은 Disciples의 의미를 살려 '그리스도의교회들' '그리스도인교회들', '그리스도인교회' 혹은 '제자들'로 번역하였다. 또 Christianity는 그리스도교로, Protestant Church는 프로테스탄트 교회 혹은 개신교회로 번역하였다.

이 책이 출판되기까지 도움과 격려를 주신 분들이 있다. 서울기독대학교 총장 이강평 목사님과 명예 총장 최윤권 목사님은 역자가 환원운동에 관심을 갖고 연구하도록 격려와 배려를 아끼지 않으셨다. 신학과 김대한 학생은 환원원 조교로 일하면서 필요하면 언제든지 타이핑을 도와주었다. 또 대학원 학생 김경중 전도사와 임성진 전도사는 교정에 크게 기여하였다. 마지막으로 이 책의 출판을 지원해 주신 쿰란출판사 이형규 장로님께 고마운 마음을 전한다.

2010년 12월

서울기독대학교 본관 연구실에서 백종구

목차

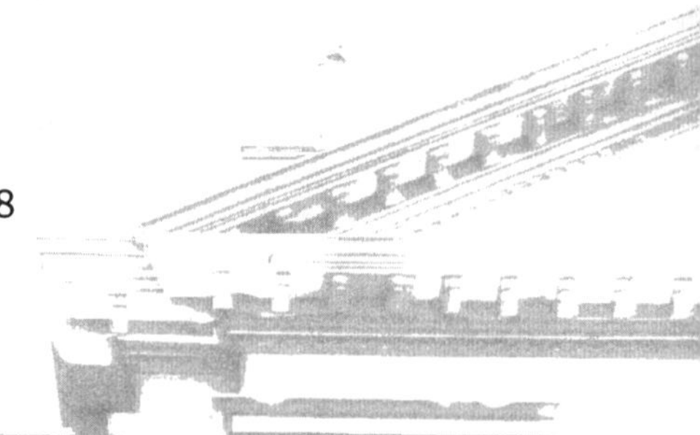

1장

우리는 역사를 가지고 있는가?

그가 환원 역사 강의실에 들어가 말했다. “난 바톤 스톤(Barton Stone)과 알렉산더 캠벨(Alexander Campbell)이 말했던 것에는 관심 없어. 내가 관심 있는 것은 모두 성경이 말한 것이야.”

우리는 몇 가지 적절한 대답을 생각했다. 우리가 말했던 것은 “적어도 네가 성경이 말하는 것에만 관심을 둔 이유는 바톤 스톤과 알렉산더 캠벨이 너에게 영향을 주었기 때문이야.” 또 다른 예를 들어 보자. 대학에서 성경을 전공하는 학생이 집에 왔다가 교회에 갔다. 주일날 교회에서 한 집사님이 그에게 물었다. “이번 학기에 너 무엇을 공부하니?” 학생은 다음과 같이 대답했다. “누가복음, 청년 목회, 언어 소통, 영어 작문, 그리고 환원 역사입니다.” “환원 역사?” 집사님은 되물었다. “그게 무슨 도움이 돼?”

그리스도의교회

이 이야기는 우리의 역사에 대해 '그리스도의교회들' 안에 혼합된 감정이 있다는 것을 보여준다. 정말 어떤 사람들은 우리가 역사를 가지고 있다는 것을 부정한다. 우리는 1세기의 교회가 아닌가요? 1세기 이후 모든 교회 역사는 변절과 부패의 기록 아닌가요? 우리가 그 시대를 뛰어넘어 초대교회의 순수함으로 가야 하지 않나요? 우리가 역사를 가지고 있다는 것을 인정함으로써 성경적이어야 한다는 우리의 호소를 잘라버리는 것은 아닌가요?

다양한 창립 시기

우리는 우리 역사를 부정하는 사람들을 이해한다. 우리 가운데 한 사람이 성장한 교회 건물 한 면에 이런 말이 써 있었다. "그리스도의교회들, 서기 33년 설립." 이것이 의미하는 것은, 우리가 신약 교회, 오순절날 설립된 교회가 되기를 원한다는 것이다. 이런 이상이 아직 우리의 가슴에 환하게 타고 있다. 우리는 초대교회의 모든 것을 환원하기를 원하지 않는다(아무도 정확히 고린도 교인이 되기를 원하지 않는다). 그러나 1세기 교회가 그랬던 것과 같은 종류의 교회가 되기를 원한다. 진정한 의미에서 우리는 우리의 존재를 거슬러 올라

가야 오순절 첫 교회를 찾을 수 있다.

그러나 우리는 오순절 이후의 역사를 가지고 있는가? 정직하게 이야기하면 그렇다. 교회의 전체 역사는 그것이 어지럽고 타락했다 해도 우리의 역사다. 우리가 초대교회와 같이 되고 싶다 해도, 우리는 결코 초대교회 교인은 아니라는 것을 인정해야 한다. 2천 년이 지났다. 이전 세대들은 신앙을 우리에게 넘겨주었다. 우리는 오순절 이후 오랫동안 살았던 필사자와 번역자들의 성실한 노고가 없었다면 성경을 갖지 못했을 것이다. 교회사를 공부하는 이유 중 하나는 이런 영적 어버이들을 존경하기 위해서이다.

교회사 공부는 우리가 과거의 성실한 그리스도인들이 그들의 삶의 자리에서 하나님을 따르려고 어떻게 노력하였는가를 경험하게 도와준다. 만약 우리가 과거에 교회가 얼마나 자주 주변 문화를 따랐는지를 알 수 있다면, 아마 우리는 자신의 문화가 어떻게 현재 교회를 파괴하려고 위협하는지 알 수 있다. 교회사 공부는 역시 교회가 어떻게 주변 문화에 긍정적으로 영향을 미치고 있는지를 보여준다.

교회사 공부는 우리가 성경을 이해하도록 도와준다. 우리는 우리보다 앞서가신 분들이 성경을 존중하라고 가르쳤기 때문에 성경의 권위를 존중한다. 또한 우리 전 세대가 어떻게 성경을 이해하고 잘못 이해했는가를 봄으로써 우리 시대 성경의 의미에 대한 시각을 갖는다.

이 책은 미국에서 일어난 우리의 역사에 초점을 맞추고 있다. 서기 33년 오순절(혹은 더 사실적으로 서기 30년)이 우리 교회의 창립일이라는 것은 사실이지만, 우리가 미국 '그리스도의교회들' 이 시작된 시점들로 지적할 수 있는 다른 시간들도 있다. 우리 역사의 첫 설립

문서는 1804년에 쓰여진 〈스프링필드 노회의 최후의 유언과 증언〉(*The Last Will and Testament of the Springfield Presbytery*)이다.

이 문서를 쓴 목사들이 이 운동에서 첫 그룹의 독립 교회들을 시작하였다. 이전에 많은 사람들이 교회 일치를 위해 성경으로 돌아가자고 외쳤지만, 1809년 토머스 캠벨(Thomas Campbell)의 〈선언과 제언〉(*The Declaration and Address*)이 우리 운동의 의미 있는 지적인 시작을 표현하였다. 특별히 '그리스도의제자들' (Disciples of Christ)은 이 시점을 그들의 출발점으로 삼고(4장 참고), 1909년에 100주년을 기념하고 2009년에 200주년을 기대하고 있다.

이 운동은 19세기 말 '그리스도의제자들' ('그리스도인교회', Christian Church)과 '그리스도의교회들' 로 분리된 그룹들이다. 어떤 사람들은 대니얼 소머(Daniel Sommer)와 다른 사람들이 일리노이 주 샌드 크릭(Sand Creek)의 "제언과 선언"(Address and Declaration)에서 친교의 중단을 선포한 1889년을 분리의 시점으로 삼는다. 분리의 공식적 시점은 1906년(8-9장 참고)이다, 그래서 어떤 의미에서 미국 '그리스도의교회들' 은 2006년에 100주년 기념식을 가졌다.

그러면 우리의 창립일은 언제인가? 위에 말한 것 모두도 아니고, 어느 것도 아니다. 우리는 예수의 부활 이후 첫 오순절에 설립된 교회가 되기를 원한다. 그러나 우리가 미국이라는 현장에 있는 교회라는 것을 인정해야 한다. 우리의 정체성을 19세기 토머스 캠벨, 알렉산더 캠벨, 바톤 스톤에 돌려야 한다. 또 '그리스도의교회들' 로 현재의 우리를 형성한 20세기의 여러분에게 돌려야 한다.

전통과 전통주의

위에 언급한 학생과 집사는 전통에 대해 오래 전부터 해온 반대를 반영하고 있다. '그리스도의교회들' 인 우리가 항상 전통에 반대해 왔다면 우리가 역사를 공부해야 하는 이유가 무엇인가? 성경으로 돌아가자는 스톤과 캠벨을 거절하는 그 학생과 같이 되어야만 하지 않는가? 이런 질문들에 대한 답은 '전통' 과 '전통주의' 의 구별에 있다. 역사가 야로슬라프 펠리컨(Jaroslav Pelikan)은 전통을 '죽은 자의 살아 있는 신앙' 으로, 전통주의를 '살아 있는 자의 죽은 신앙' 으로 정의했다.

성경은 전통에 대해 긍정적이면서도 부정적이다 (성경에서 전통이란 단순히 '전해 내려온 어떤 것' 을 의미한다.). 전통이 전통주의가 될 때, 즉 하나님의 원래 뜻하던 것의 자리를 차지할 때, 그것은 비난을 받아야 한다. 예수님(마 15:1-6)과 바울(골 2:8)은 모두 하나님의 뜻을 대신한 인간 전통을 비난했다. 다른 한편, 바울은 자신이 그들에게 가르친 전통을 잡으라고 강하게 권면한다(고전 11:2; 살후 2:15, 3:6). 이것들은 단지 인간 전통일 뿐 아니라 하나님의 말과 뜻이었다.

그렇다면 '그리스도의교회들' 의 역사를 공부하는 이유는 무엇인가? 우리에게 신앙의 전통을 건네준 영적 조상들을 존경하기 위한 것이다. 그러나 이런 전통들은 항상 성경의 권위에 종속되어야 한다. 정말 우리의 가장 강한 전통 가운데 하나는 전통 위에 있는 성경의 궁극적인 권위이다. 그럼에도 책임 있는 전통들은 우리의 교회생활을 형성하고 신앙을 전하도록 돕는 데 필요하다. 교회 전통은 필요불가결하다. 그렇지 않으면 매일 전통과 다른 것으로 교회를 새롭게 시작해야 할 것이며, 이것은 혼란을 야기할 것이다. 교회 전통이 성경의 분명한 의도와 다르게 우리를 인도하는 고정된 전통주의로 변할 때 해가 된다.

다른 말로 하면, 우리가 역사를 가지고 있다는 사실을 부정하는 것은 위험에 빠지는 길이다. 우리 역사가 우리를 형성하고 있다는 사실을 인정하지 못하면, 결국 우리는 역사로부터 빠져나오지 못하게 된다. 우리의 교회 실천을 형성하는 역사적 힘들에 맹인이 되어, 우리의 환경과 결론을 하나님의 영원한 뜻으로 오해하는 위험에 떨어진다. 역사를 가지고 있다는 사실을 부정함으로써 우리는 쉽게 그들 자신의 가르침을 하나님의 말씀과 동일시하는 바리새인 같은 전통주의자가 된다.

나는 '그리스도의교회들'의 신실한 교인으로 이 역사책을 쓸 것이다. 우리는 우리가 이 운동에 속한 것을 자랑스럽게 여긴다. 우리의 영적 조상들이 이루어 낸 것을 부정한다면, 우리는 배은망덕한 자녀들이 된다. 그들의 실수를 간과한다면, 우리는 하나님의 뜻보다 자신의 인간 역사를 더 높이 평가하는 전통주의자들이 된다. 우리가 되어 온 모습을 정직하게 볼 때만이 우리가 누구인가를 이해할 수 있다. 하나님은 우리에게 역사적으로 생각하는 능력을 주셨고, 이 힘 있는 선물을 통해 이해하는 능력을 주셨다. 이 역사의식을 지혜롭게 사용하는 것은 우리가 서 있는 시간과 자리에서 하나님께 드리는 헌신의 일부이다.

초대교회와 중세교회

사도행전 2장은 예루살렘에 세워진 최초의 교회를 모범적인 교회로 그리고 있다. 교회는 사도들의 말을 듣고, 기도하고, 그들의 음식과 돈을 나누고, 양적으로 성장하고, 그들 주위 사람들과 의롭게 지냈다(행 2:42-47). 그러나 사도행전과 신약의 나머지 부분은 1세기 교회에 문제가 있었다는 점을 분명하게 했다. 고린도 교회와 같은 개별적인 회중들은 분열을 맞았고, 유대주의자들은 다른 구원의 방법을 주장했다(갈 1:6-9).

다른 사람들은 대부분의 사람들에게 가능하지 않은 특별한 지식을 주장했다(골 2:16-23). 심지어 어떤 사람들은 예수가 육으로 왔다는 사실을 부정하면서(요이 1:7) 그리스도인이 되겠다고 주장했다. 심지어 교회의 직분자들 가운데도 서로 잘 지내지 못하는 사람들이 있었다(빌 4:2).

그래서 교회 역사는 처음부터 깨끗하지 못했다. 일면 교회는 신적인 조직, 그리스도의 피로 산 신부이다. 다른 한편, 교회는 여전히 인간이면서 금이 가고, 죄 짓고, 가끔 변절까지 하는 구속받은 사람들로 구성되어 있다. 비록 예수는 신자들이 하나가 되게 해달라고 기도했지만(요 17:20-23) 교회 일치는 처음부터 투쟁이었다.

첫 1세기 동안 교회에는 사도들이 있어 교회를 지도하고 방향을 제시해 주었다. 그들의 가르침과 문서들은 교회를 형성하고 연합시켰다. 이것이 '그리스도의교회들' 안에 있는 우리가 1세기 교회를 본보기로 삼아야 할 이유이다. 그들은 완전한 교회가 아니다. 그러나 사도적이다. 우리는 사도들과 다른 신실한 신약교회 교인들의 생에 형상화된 이상적인 교회가 되고 싶다. 우리는 신약의 사도적 가르침을 따르고 싶다.

그러나 2세기의 사도들은 세상을 떠났다. 신약의 책들은 있었으나 교회는 아직 그 책들을 수집하여 성경으로 인정하지 않았다(이 과정은 다음 2세기 동안 천천히 일어났다). 교회에 지속적으로 응집력을 주었던 힘은 로마 제국의 그리스도인 탄압이었다. 박해는 산발적이고 보통 지역적이었지만, 교회를 순수하게 유지하게 도와주었다. 사람들은 사회에서 성공하기 위해 교인이 되지 않았다. 대신, 귀한 순교자들의 예들은 교회에 용기와 대범함을 주었다.

4세기에는 그 모든 것들이 변했다. 새 황제 콘스탄티누스(Constantine, 274-337)는 기독교 신에게 호소한 후 전투에서 승리했다. 그는 황제로서 이방인과 그리스도인들을 모두 기쁘게 하려 했지만, 결국 그리스도인이 되어 기독교를 국가 종교로 만들기 시작했다.

확실히 콘스탄티누스의 결정으로 좋은 결과가 있었다. 정부는 더 이상 그리스도인들을 감옥에 넣고 고문하여 죽이지 않았다. 제국은 결국 노예제를 끝내고 인권을 보호했다. 그러나 슬프게도 제국의 힘의 구조가 바로 교회를 지배하였다. 수 세기 동안 중세 로마 가톨릭 교회는 정교한 고해제도를 발전시켰다. 고해제도는 연옥, 성인들의 중재, 죄의 일시적 형벌을 사면하는 신부의 힘을 포함하였다.

신약의 단순성으로부터 멀어진 모든 발전에도 불구하고, 우리는 중세교회에 상당한 빚을 졌다. 중세교회는 복음 이야기가 살아 있게 하였다. 또 신약의 원문들을 보존하였다. 심각하게 부패하였지만, 중세교회는 수 세기 동안 유일한 교회였다.

종교개혁

마틴 루터

중세에도 어떤 사람들은 성공의 정도는 다르지만 교회를 개혁하려 시도했다. 16세기에는 독일 수사요 신학자인 마틴 루터(Martin Luther, 1483-1546)를 포함하여 더 많은 사람들이 개혁을 원했다. 루터 신학의 핵심은 '믿음을 통해, 은혜로 얻은 의'(이신득의)였다.

이것은 사람들이 구원을 받을 만하다는 것을 암시하는 그의 시대 로마 가톨릭의 실천과는 대조가 되었다. 루터는 또 자신의 지침으로 '오직 성경'(sola scriptura)을 구하면서 교회에게 성경의 권위로 돌아가라고 호소했다. 그는 결코 새로운 교회를 설립하려고 의도한 것은 아니지만, 결국 그의 추종자들은 로마 가톨릭 교회에 의해 파문되어 분리된 단체를 만들었다.

스위스 취리히에서는 더 철저한 종교개혁이 훌리히 츠빙글리(Huldreich Zwingli, 1484-1531)의 지도 아래 일어났다. 그의 경력은 간단하지만 '개혁' 전통, 즉 루터주의 후에 일어난 두 번째 주요 개신교 운동을 시작했다.

제네바에서 존 칼빈(John Calvin, 1509-1564)은 후에 개혁교회에 영향을 주는 중요한 사람이 되었다. 하나님의 주권에 대한 강조는 예

존 칼빈

정의 교리를 강조하게 되었다. 이 교리는 여전히 장로교인들과 많은 침례교인들과 같은 개혁 전통의 교회들을 형성하고 있다.

종교개혁의 세 번째 가지는 재세례파 혹은 급진적 종교개혁이다. 어떤 사람들은 이런 이들을 '급진적'으로 여겼다. 왜냐하면 예수가 산상수훈에서 가르친 평화주의가 참 신자의 삶에서 아주 중요하다고 믿으면서 신약의 가르침으로 더 철저히 돌아갈 것을 주장했기 때문이다. 또 신자의 세례를 주장하여 유아 세례를 행하는 사람들로부터 재세례파('다시 세례를 주는 자들')라는 이름을 얻었다.

이것은 콘스탄티누스가 수 세기 전에 확립했던 교회와 국가의 연합을 깨는 것을 의미했다. 유럽에 있는 거의 모든 정부는 가톨릭이건, 개신교인이건, 그들의 유아 세례 거절을 사회 질서의 위협으로 보았다. 결국 재세례파는 심한 박해를 받았다. 그들 대부분이 평화주의자였기 때문에 정부에 무력으로 저항하는 것을 거절했다. 결국 많은 사람들이 종교적 관용이 어느 정도 허용된 네덜란드로 피신했다.

'그리스도의교회들' 안에 있는 우리는 종교개혁에 많은 빚을 졌다. 바톤 스톤, 알렉산더 캠벨, 그리고 다른 교회 지도자들은 자주 루터와 칼빈이 사람들을 성경으로 돌아가게 한 것을 칭송했다. 정말

재세례파 순교자들

그들은 자주 그들의 일을 '현재적 종교개혁' 이라고 부르며 루터와 다른 사람들에 의해서 시작된 종교개혁을 완성하는 것을 그들의 일로 보았다.

영국과 스코틀랜드

영국의 미국 식민지 초기 정착자들의 대부분은 영국과 스코틀랜드로부터 왔기 때문에 이 두 나라의 종교개혁이 미국 '그리스도의 교회들' 에 더 직접적인 영향을 주었다. 영국에서는 개인적, 정치적, 종교적 문제들에 이끌리어 영국 왕 헨리 8세(Henry VIII, 1491-1547)가 1534년 가톨릭 교회로부터 떨어져 나와 영국 교회(성공회)를 설립했다. 모든 종교개혁 교회들 가운데 성공회는 실천에 있어 가톨릭 교회와 가장 가깝다.

결국 칼빈의 개혁교회 가르침에 영향을 받아 영국 교회의 더 많은 개혁을 원하는 지도자들이 나타났다. 교회를 순수화하려는 시도로 그들은 청교도라 불리게 되었다. 어떤 이들은 영국의 교회를 변혁하는 것을 단념하고 영국 교회로부터 떨어져 나와 자신의 순수한 교회를 설립했다. 이런 분리주의자들은 영국에서 협박을 받았고, 그중 몇 사람은 네덜란드로 피신하고, 이후 미국으로 피신하여 플리머스 플랜테이션(plymouth Plantation)의 순례자들이 되었다.

다른 분리주의자들은 장로들의 그룹 아래 조직되었다. 스코틀랜드에서는 존 녹스(John Knox, 1513-1572)의 지도 아래 장로 체제가 스코틀랜드의 공식 교회가 되었다. 영국의 또 다른 분리주의자들은 신자의 침례를 실천하기 시작하여 '침례주의자들' 이라 알려졌다.

이 모든 그룹들—성공회, 청교도, 분리주의자, 장로교인, 침례교인—은 결국 미국에 있는 영국 식민지로 이민을 갔다. 그래서 우리가 다음 장에서 보는 바와 같이 미국에서 교회의 다양성은 곧 독특한 종교적 상황이 되었다.

계몽 이성주의

개신교 종교개혁이 가져온 결과 중 하나는, 유럽에서 일어난 일련의 종교전쟁이었다. 1648년 유혈의 30년 전쟁을 끝낸 조약, 즉 베스트팔렌 조약(Peace of Westphalia)은 한 나라의 통치자의 종교가 그 나라의 종교가 되어야 한다고 선포했다. 종교적 반대를 거의 관용하지 않은 가톨릭 국가들과 개신교 국가들이 있었다. 결국 전 유럽에서는 수 세기 동안 종교전쟁이 일어났다.

개신교와 가톨릭 사이에 일어난 종교전쟁의 결과 중 하나는, 대학살에 이르지 않을 더 이성적인 종교를 가져야 한다는 요구이다. 이 요구가 17-18세기 계몽시대 혹은 이성의 시대를 열게 한 이유이다. 이 시기의 어떤 사람들은 모든 종교를 비이성적인 것으로 거절했고, 다른 사람들은 이성적인 자연 질서에 기초한 종교가 있으나 초자연적, 기적적인 종교는 그렇지 않다고 느꼈다.

일반적으로 이신론자(Deists)라고 알려진 이 그룹은 기독교를 다시 정의하여 초자연적, 기적적인 것을 제거했다. 또 다른 사람들은 초자연적 기독교는 완전히 이성적이라고 논증했다. 이러한 생각을 하는 자들 가운데 가장 영향력 있는 사람은 존 로크(John Locke, 1632-1704)였다. 로크는 우리의 모든 아이디어들은 경험으로부터 오며, 그 경험의 빛에서 보면 기독교의 핵심—예수는 구원자—은 완전히 이성적이라고 논증했다. 그는 초자연적인 것은 이성 위에 있지 이성에 반대되지 않는다고 정의함으로써 이렇게 했다.

이런 형태들의 계몽주의 사고는 모두 미국으로 들어갔다. 이신론은 어떤 기적 이야기 없이 신약을 해석한 토머스 제퍼슨(Thomas Jefferson)과 같은 미국 건국의 시조들에게 영향을 주었다. '그리스도의교회들' 에 더 중요한 것은, 우리 운동은 로크의 이성주의가 우리 운동의 초기 지도자들 모두에게 큰 영향을 주었던 시기에 태어났다는 것이다.

미국이 식민지가 되기 전 교회사의 간략한 개관은 '그리스도의교회들' 에 속한 우리가 첫 그리스도인들이 아니라는 것을 상기시켜 준다. 우리는 이 장에 언급된 많은 개인들과 교회들에 동의하지 않는 만큼, 그들이 어떤 의미에서 우리의 영적 조상들이라고 인정해야 한다. 그들에게 주어진 빛으로 많은 사람들이 그리스도에 충실하려고 오랫동안 최선을 다했다. 그런 미국의 새로운 종교 상황은, 교회가 이 긴 역사에서 잃어버렸던 어떤 것들을 교회에 다시 회복시켜 더 철저한 종교개혁을 하려는 토양을 제공하였다.

토의 문제

1. '그리스도의교회들' 에 속한 우리가 역사를 가진다는 것을 받아들이기를 주저하는 이유는 무엇인가? 이 이유는 정당한 이유인가?

2. 우리가 역사를 가진다는 것을 받아들이지 않을 때 생기는 위험은 무엇인가?

3. 교회사를 공부함으로 얻게 되는 오는 유익을 몇 가지 말하라.

4. 전통과 전통주의의 차이는 무엇인가? 그 차이에 대한 성경적인 예를 몇 가지 들어보라.

5. 우리가 초대교회에 진 영적인 빚들은 무엇인가? 중세교회? 종교개혁? 그 당시 교회로부터 오늘날 우리가 배울 수 있는 교훈은 무엇인가?

6. 그리스도교는 '이성적인' 종교인가? 인간 이성을 그리스도교 진리를 판단하는 기준으로 삼았을 때 오는 위험은 무엇인가?

참고도서

Allen, C. Leonard and Hughes, Richard T. *Discovering Our Roots: The Ancestry of Churches of Christ. Abilene*: ACU Press, 1988.

Garrett, Leroy. The Stone-Campbell Movement. Joplin, Missouri: College Press, 1994, 21-45.

Gonzalez, Justo L. *The Story of Christianity*. Peabody, Massachusetts: Prince Press, 1999.

1부

환원운동 1804-1832

2장 초기 미국 환원 운동의 약속

3장 바톤 스톤과 기독교 연합

4장 캠벨 가족의 도착

5장 스톤과 캠벨 운동의 연합

Renewing God's People

2장

초기 미국 환원운동의 약속

초기 미국 환원운동의 약속

왜 미국의 종교는 유럽과 나머지 세계의 종교와 다른가? 왜 오늘날까지 세계의 다른 나라보다 미국에 더 많은 교단이 있는가? 왜 미국에는 정규 교인의 비율이 더 높은가? 왜 미국인들은 종교를 매우 진지하게 생각하는가?

우리는 이 모든 질문에 대한 답을 미국의 초기 역사에서 발견한다. 미국의 초기 역사는 미국에 '그리스도의교회들'을 탄생하게 한 토양이다. 초기 식민지 대부분이 세금의 지원으로 유지되는 종교를 설립했지만, 식민지 미국에는 전에 존재한 적이 없는 새로운 상황이 벌어졌다. 어떠한 종교 그룹도 식민지 전체를 주도하지 못했다. 청교도가 신영국(뉴잉글랜드)을 주도하였지만, 거기에는 침례교인들도 성공회 교인들도 있었다. 성공회 교인들은 남부 식민지에 가장 많았다. 그러나 거기에는 장로교인들과 감리교인들도 있었다. 중부 식민지는 퀘이커, 루터교회, 독일 개혁교회, 침례교, 성공회 및 다른 교회 교인들로 가장 큰 다양성을 가졌다.

결과적으로 어떤 교단도 미국의 국가 교회가 될 수 없었다. 우리는 그런 상황을 당연하게 생각하지만, 당시에는 독특한 것이었다. 유럽에서는 모든 나라가 공식적인 국가 종교를 가졌고, 다른 종교 그룹들에 대해서는 기껏해야 제한된 관용을 베풀었다. 예를 들면, 영국 당국은 교회에 대항하여 설교한다는 이유로 '순례자' 라 부르는 분리주의자 청교도를 투옥했다. 그렇기 때문에 그들은 영국을 떠나 네덜란드로 향했고, 결국은 미국으로 왔다. 그들의 이주 목적은 종교의 자유를 찾으려는 것이 아니라 '참 교회' 를 세우는 자유를 얻기 위해서였다. 그들이 퀘이커와 침례교인들을 관용하지 못한 것은 영국 정부가 청교도들을 관용하지 못한 것과 마찬가지였다.

종교의 자유에 대한 새로운 시각

어떤 종교 그룹도 모든 식민지들을 주도하지 못했기 때문에 새로운 형태의 종교의 자유가 미국에서 시작되었다. 그것은 교회나 성직의 권위로부터 자유였다. 많은 미국인들, 특별히 개척지의 미국인들은 교회의 규칙을 만드는 교황, 감독, 혹은 성직자 그룹의 일부가 되기를 원치 않았다. 대신 그들은 평신도가 교회에 대해 집단적인 결정을 하는 더 민주적인 형태의 치리를 동경했다. 종교적 민주주의에 대한 요구는 과거의 엘리트 교육을 받은 목회직과는 대조적인, 새로운 형태의 목회자—정식으로 교육을 받지 않았지만 평신도 출신의-를 생산했다.

미국의 종교적 자유는 또 전통으로부터 자유였다. 상식이 교회와 교회 회의, 역사적 신조들, 교육받은 신학자들의 저서들을 대체했다. 사람들은 자신을 위해 성경을 읽고, 자신을 위해 생각하고, 그리고 자신을 위해 생각하려면 성직자를 신뢰하지 않아야 했다.

기독교의 민주화 덕분에 또 다른 자유가 생겨났다. 이는 새로운 교회를 시작하는 자유이다. 당신의 성경 해석이 자신이 출석하는 교회의 가르침과 상당히 다를 경우 무슨 일이 일어나겠는가? 만약 교회를 설득하여 바꾸지 못한다면, 자신의 교회를 설립할 수밖에 다른 선택이 없다. 결과적으로, 미국에 순식간에 수십 개의 교회들, 특히 침례교도와 감리교도들이 생겨나거나 번성하고, 그중 많은 교회들은 기존 교회들보다도 빨리 성장했다.

얼마 후 더 새로운 교회들은 자신이 행하는 실천의 변화에 저항하고, (교회 밖) 더 큰 문화의 지도자로 성장하게 되었다. 결과적으로 이 그룹들 가운데 어떤 그룹은 전통에 반항하고, 또 다른 종교적 종파를 형성했다.

종교적 권위에 대한 새로운 시각

많은 사람들은 이런 자유 때문에 종교적 권위가 인정된 성직제, 신조, 교육받은 성직자로부터 더 이상 나올 필요가 없다고 생각했다. 기독교는 진실로 민주적인 시민들이 다스리는 것이 되었다. '오직 성경' (sola scriptura)이라는 종교개혁의 원칙은, 모든 그리스도인은 자신을 위해 성경을 해석하는 권리를 갖는다는 생각으로 발전되었다.

물론 이 해석은 이성적으로, 상식선에서 이루어져야 했다. 이성이 종교적 가르침의 진리 여부를 판단했다. 이것은 점점 더 각 개인이 성서를 읽고 해석할 권리와 책임을 가지고 있다는 것을 의미했다. 이러한 개인적 경험이, 특히 미국 개척지에서 이성주의를 형성했다. 다른 말로 하면, 참 종교는 마음에서 우러나오고, 신비적이어야 하며, 동시에 보통 사람에게 합리적이어야 했다.

역설적으로, 전통적인 종교 권위의 거절은 또 다른 엘리트, 즉 종교집회 인도자에게 힘을 주었다. 비록 이론적으로 각 사람은 성경을 해석할 수 있지만, 실제로 청중을 움직일 수 있는 종교 지도자는 그 청중이 성경을 이해하는 데 매우 큰 영향을 주었다. 이것은 사람들의 언어로 말하는 대중 설교의 시작과 새로운 종교출판사의 유행을 설명해 준다. 신문을 발행하여 설교가들은 수천 명이 그들의 방식으로 성경과 교회를 보도록 움직일 수 있었다.

전통적 종교 권위로부터 대중 설교가들로 힘이 이동된 결과는 무엇인가? 불행히도 교회의 연합이 감소되고, 대중운동과 교단들이 증가하였다. 어떤 사람들에게는 대중적 인기가 진리와 맞먹었다. 자신을 위해 성서를 따르는 자유는 매우 자주 그들의 성공을 성실보다는 교인의 숫자로 재는 이기적인 설교자들에게 얽매이게 되는 꼴이 되었다.

환원의 호소

이것이 '그리스도의교회들'의 탄생 배경이었다. 많은 사람들이 종교에서 더 확실한 권위를 찾고 있었다. 많은 사람들이 왜 그렇게 많은 교단이 있고, (만약 있다면) 어떤 것이 참 교회인지를 물었다. 그리스도인들 사이의 분열 소동은 개척지에서 분명했다. 100명이 정착한 작은 부락에 3개 혹은 2개 이상의 교회가 생겼고, 이 교회들은 자주 누가, 참, 바른 교회인가에 대해 계속 서로 부딪치고 있었다.

그러나 개척지는 많은 종교 지도자들에게 교회의 모습을 재고할 자유를 주었다. 그들 중 많은 사람들은 스스로 성경과 신약교회로 돌아가는 것이 새로운 미국 환경에서 성실하고 연합된 교회를 가질 수 있는 최고의 희망을 제공한다고 결정했다. '성경으로 돌아가자'는 이 운동은 개척지의 여러 곳에서 몇 개의 교단으로 성장했다.

우리가 1장에서 본 것처럼 '성경으로 돌아가자'는 꿈은 18세기 미국에서 시작되지 않았다. '근원으로 돌아가자'는 르네상스의 외침은 가톨릭 학자 에라스무스(Erasmus, 1466-1536)와 같은 많은 사람들에게 인도와 권위를 위해 신약성경으로 돌아가야 할 중요성을 강조하게 했다. 종교개혁은 '오직 성경'(sola scriptura)이라는 모토를 세웠다. 영국의 청교도와 초기 신영국 식민지들은 그들의 교회들이 성경적 모델에 가깝게 닮아가기를 원했다.

그러나 18세기 미국 개척지에서 많은 사람들은 더 철저한 교회개혁을 요구했다. 어떤 사람들은 이 개혁을 가리켜 '환원'(restoration)이라는 말을 사용했다.

'환원'이란 용어는 이 장에서 다뤄진 초기 운동들보다 캠벨운동

존 로크가 쓴 종교 관용에 대한 글들은, 미국 교회의 지도자들이 종교적 자유와 원시교회에 대한 관념을 작성할 때 큰 영향을 주었다.

에서 더 대중화되었다. 그러나 환원의 개념은 이 모든 그룹들에게 공통적이었다. 그들이 '환원운동' 이란 말로 의미한 것은 무엇이었는가? 어떤 사람들은 환원을 집을 복원하는 의미로 생각했다. 교회를 환원한다는 것은 처음부터 짓는다는 말이 아니다. 또 교회가 완전히 없어진다는 것이 아니라, 교회가 수 년 동안에 나빠져서 원래의 상태로 회복될 필요가 있다는 것이다. 오래된 집의 복원을 생각해 보자. 집의 중요 부분들－예를 들면, 기초와 측면－은 건실하고 원래의 것일 수 있으나, 반면에 다른 부분들은 바꾸어야 할 필요가 있다. 환원은 그 집을 원래의 상태로 돌아가게 하기 위해 새로 추가된 것을 없애고 오래된 부분을 재건하는 것이다.

이것이 이 장에서 다룬 모든 그룹의 목표였다. 대부분의 그룹이 공동으로 가졌던 것은 환원의 목적이었다. 그러나 순수한 성경교회가 되는 것, 그 자체가 목적은 아니었다. 교회 환원의 목적은 예수님이 기도했던 그리스도인들 사이의 연합에 도달하는 것이었다.

"그들 모두가 하나가 되게 하옵시고"(요 17:21).

비록 이 그룹들 사이에 의미심장한 차이가 있었다 하더라도 그들 모두는 그리스도인들이 믿는 바 교회가 잃었던 것들을 교회로 복원시키기 위해 성경으로 돌아가자고 호소했다.

남부의 그리스도인들 : 제임스 오'켈리

"나는 성경적 치리, 그리스도인의 평등, 그리스도적 이름을 원한다."

제임스 오' 켈리

노스캐롤라이나 주와 버지니아 주의 초기 감리교 설교자 제임스 오' 켈리(James O' Kelly, 1735-1826)는 이렇게 말했다.

미국의 감리교회가 1784년 볼티모어에서 조직되었을 때, 오' 켈리와 1-2명의 다른 목사들은 그 교회의 두 명의 감독 가운데 한 사람으로 프랜시스 애즈베리(Francis Asbury)를 임명하는 것을 문제 삼았다. 그들은 자신을 감독이라고 부르는 애즈베리가 너무 많은 교권(교회를 지배하는 힘)을 쥐고 있다고 믿었다. 결국 오' 켈리는 애즈베리뿐 아니라 각 교회에 목사를 임명하는 감독제에 반대했다. 대신 그는 각 회중이 공화정처럼 민주적으로 각 회중의 일을 처리해야 한다고 느꼈다.

1793년 오' 켈리와 다른 사람들은 애즈베리의 지도력으로부터 떨어져 나와 자신들을 공화적 감리교도라 불렀다. 1794년 8월 이 그룹의 지도자들이 만나 한 걸음 더 나아갔다. 그들은 다른 이름을 배제하고 자신들을 '그리스도인'(Christians)이라고 부르며, 성경만을 그들의 신조로 정하기로 결정했다. 결국 그들은 '그리스도인 교회(Christian Church)의 기본 원칙' 6개 항을 채택했다.

1. 주 예수 그리스도가 교회의 유일한 수장이다.
2. 그리스도인이란 이름은 모든 교파와 종파 이름을 배제하고 사용되어야 한다.
3. 거룩한 성경 혹은 신약, 구약성경이 우리의 유일한 신조이며, 신앙과 실천의 충분한 지침이다.
4. 그리스도인 성품, 혹은 능력 있는 경건이 교회의 교제와 교인의 자격을 시험하는 유일한 수단이다.
5. 사적인 판단의 권리와 양심의 자유는 모두의 특권이며 의무이다.
6. 전 세계가 믿는 마지막 날까지 그리스도의 모든 추종자들은 연합해야 한다.

이 지도자들은 이 항목들이 공식적인 신조가 되기를 원하지 않았다(3항은 신조들을 거절한다). 그러나 이 명제들은 오'켈리 그룹과 개척지에 있는 모든 환원운동의 기본적인 사고방식을 표현한다. 주목할 것은 그리스도인의 연합마저 그 자체가 목적이 아니라 결과적으로 세계의 복음화로 끝나야 한다는 것이다.

이들 그리스도인 교회들은 결과적으로 노스캐롤라이나와 버지니아 주에서 1만 명 정도의 교인을 얻었다. 이들 회중 가운데 몇 개는

순회 전도자

결국 신자의 침례를 채택하고, 1800년대 초 신영국 그리스도인들과 연합했다(다음 참고). 다른 사람들은 유아 세례를 유지하고 1934년 감리교파와 다시 연합했다(3장 참고). 오' 켈리와 스톤 운동을 연결한 것은 이 두 그룹에게 다른 분리적인 이름을 배제하고 '그리스도인' 이란 이름을 취하도록 확신시킨 라이스 해거드(Rice Haggard, 1769-1819)의 노력이었다.

신영국 그리스도인 연결 : 존스와 스미스

이들과는 별개로 유사한 운동이 신영국 침례교인들 사이에 일어났다. 이 시기 침례교인들은 강경 칼빈파로, 예정론을 믿었다. 버몬트의 의사이며 설교자인 애브너 존스(Abner Jones, 1772-1841)는 비슷한 생각을 한 침례교인들과 연합하여 칼빈주의를 부정하고 그리스도인이란 이름을 취했다. 그들은 1801년 버몬트 주 린던(Lyndon)에 교회를 설립하였다. 존스는 순회하는 전도사가 되어 신조 없는(non-creedal) 기독교에 대한 메시지를 전파하였다.

1803년 존스는 먼저 전년에 뉴햄프셔 주 포츠머스에서 기독교

회중을 설립한 침례교 목사 엘리어스 스미스(Elias Smith, 1769-1846)를 만났다. 스미스는 미국 최초의 기독교 신문의 하나인 〈헤럴드 오프 가스펠 리버티〉(*Herald of Gospel Liberty*)(1808년에 시작된)를 발행한, 종교 자유의 열렬한 지지자였다. 그는 당시 우세한 종교적 권위를 공격하는 찬송가를 통해 그의 생각을 대중화시켰다. 존스와 스미스는 함께 노력하여 1807년 신영국에 14개의 그리스도인 회중들을 설립하였다.

엘리어스 스미스

스미스-존스 운동은 교리적 다양성을 주장하여 결국에는 이 운동이 쪼개져 별개의 단체가 되어 없어졌다. 어떤 사람들은 유니테리언이 되고, 많은 사람들은 이후 예수재림론자들과 연합했다. 또 어떤 사람들은 남부의 오'켈리 그리스도인 및 스톤 운동과 연합되어 그리스도인 연결(Christian Connection)을 형성했다. 1931년 19세기 캠벨운동과 병합되지 않은 그리스도인 연결의 회중들은 회중 그리스도인 교회(Congregational Christian Church)가 되었다. 또 회중 그리스도인 교회는 복음적, 개혁적 교회와 연합하여 1957년 그리스도의 연합교회(United Church of Christ)를 형성했다.

그래서 개척지의 자유는 두 개의 그리스도인 '환원운동'을 생산했는데, 하나는 감리교로부터, 또 하나는 침례교로부터였다. 이러한 자유는 장로교적 배경으로부터 환원운동을 2개 더 생산했다.

토의 문제

1. 어떤 요소들이 미국에서 종교적 자유로 인도되었는가? 어떻게 그 자유가 미국 종교의 독특한 면을 설명하는 데 도움을 주는가?

2. 왜 미국에 그렇게 많은 교회들이 있는가? 왜 미국에 새로운 종교 그룹들이 그렇게 유행하게 되었는가?

3. 당신은 '환원운동'을 들을 때 먼저 무엇을 생각하는가? '그리스도의교회들'의 많은 교인들은 환원 운동을 어떻게 이해하는가? 우리는 어떻게 이해해야 하는가?

4. 그리스도인 연합은 여전히 추구해야 할 고귀한 목표인가? 그리스도인 연합은 무엇이어야 하는가?

5. 오' 켈리 그리스도인들의 6개항은 이루어져야 할 교회의 개요인가? 그 목록에 추가하거나 빼야 할 항목은 무엇인가?

6. 스미스-존스 신영국 그리스도인들과 오' 켈리 그리스도인들이 공통으로 한 일은 무엇이었는가? 그들은 어떻게 달랐는가? 우리는 오늘날 이 두 그룹으로부터 무엇을 배울 수 있는가?

참고도서

Conkin, Paul K. *American Originals*. Chapel Hill: University of North Carolina Press, 1977. See Pages 1-8.

Garrett, Leroy. *The Stone-Campbell Movement*. Joplin, Missouri: College Press, 1994. See Pages 47-70.

Hatch, Nathan O. "The Christian Movement and the Demand for a Theology of the People," in *American Origins of Churches of Christ*. Abilene: ACU Press, 2000. See Pages 11-44.

Hatch, Nathan O. *The Democratization of American Christianity*. New Haven: Yale University Press, 1989.

McAllister, Lester G. and Tucker, William E. *Journey in Faith*. Saint Louis, Chalice Press, 1975. See Pages 51-60.

North, James B. *Union in Truth: An Interpretive History of the Restoration Movement*. Cincinnati: Standard Publishing, 1994. See pages 1-32.

West, Earl Irvin. *The Search for the Ancient Order*, Vol. 1. Nashville: Gospel Advocate, 1986. See pages 1-17.

3장

바톤 스톤과 그리스도인 연합

바톤 스톤과 그리스도인 연합

남부와 신영국에 '그리스도인들' 의 그룹이 있었지만, 가장 많은 무리의 사람들은 켄터키와 테네시 주의 장로교와 침례교회에서 왔다. 이들 서부의 '그리스도인들' 의 지도자는 바톤 스톤(Barton W. Stone, 1772-1844)이라 부르는 영적으로 성숙한 사람이었다.

스톤의 초기 생애

바톤 스톤은 메릴랜드 주에서 태어나 명목상 감독교회 교인으로 성장했다. 그의 아버지가 사망한 후 1779년, 스톤은 가족과 함께 버지니아로 이사했다. 십대 시절 침례교와 감리교에 출석하였으나, 어떤 사람들이 경험하는 극적인 개종을 경험할 수 없었다. 대신 그는 교육을 계속 받아 법률가가 됨으로써 사회적 위치를 올리기로 작정했다.

스톤은 노스캐롤라이나 주 장로교 목사 데이비드 콜드웰(David Caldwell, 1725-1824)이 경영하는 "통나무 대학"(대표적인 1인 교수 개척지 학교)에 등록했다. 콜드웰의 영향과 부흥사 제임스 맥그래디(James McGready, 1760-1817)의 설교를 듣고 개종하여, 장로교인이 되어 설교의 소명을 받았다. 3년 동안 콜드웰과의 공부를 마친 스톤은 미국 개척지에서 가장 많은 교육을 받은 사람 중 한 사람이 되었다.

스톤은 장로교 목사로 안수받기 전에 많은 내적 투쟁을 하였다. 그는 자신의 개종의 깊이, 설교 소명의 진실성, 삼위일체와 예정에 대한 전통적 교리의 진리성을 물었다. 유일신의 실재를 강하게 믿어 삼위일체의 교리가 자신의 기도 생활을 혼란하게 할 정도였다. 잠시 조지아 주 감리교 학교에서 가르쳤으나, 곧 1796년 테네시와 켄터키 주를 가로지르는 힘든 여행을 하며 설교하고, 그의 생에 대한 하

나님의 뜻을 찾았다.

바톤 스톤

스톤은 결국 하나님이 그를 설교로 불렀다고 결론 짓고, 2년 동안 설교한 켄터키 주 케인 리지 트란실바니아 노회로부터 목사 안수를 받으려 했다. 하지만 그는 여전히 웨스트민스터 신앙고백(장로교인들의 기본 신조)에 나오는 삼위일체 교리에 대해 심각하게 의심하

였다. 목사 안수에는 장로교 신앙고백에 대한 동의가 요구되었다. 노회와 얼마 동안 논의한 후에, 그는 신앙고백을 받아들이겠느냐는 질문을 받았고 "그것이 하나님의 말씀과 일치하는 한 받아들이겠다"고 대답했다.

이런 대답은 장로주의 부흥 전통에서 훈련받은 사람들에게 공통적인 것이었기 때문에 노회를 만족시켰다. 이렇게 하여 스톤은 안수를 받고, 1798년 켄터키 주 케인 리지와 콩코드의 교회에 목사로 임명되었다.

케인 리지 부흥

1801년 8월 케인 리지는 미국 역사상 가장 크고 가장 유명한 캠프 부흥집회의 장소였다. 제임스 맥그래디와 다른 사람들에 의해 인도된 부흥의 물결이 1800년 남부 켄터키 주에서 일어나기 시작했다. 케인 리지 부흥에서 1–3만 명으로 추산되는 군중이 침례교, 감리교, 장로교 목사들로부터 회개를 촉구하는 설교를 들었다.

그들이 설교하는 동안 많은 청중들이 스톤과 다른 사람들이 '종교적 경험'이라 부르는 것을 체험했다. 어떤 사람들은 마치 죽은 것처럼 기절한 채 땅바닥에 쓰러졌다. 어떤 사람들은 앞뒤로 경련을 일으키고 개 짖는 소리를 냈다. 또 다른 사람들은 자신들에게 엄습해 오는 육체적 흥분을 느끼고 달아나려 했다. 어떤 사람들은 그 자리에서 뒤로 앞으로 춤을 추었다. 한두 명은 마음속에서 우러나온 엄숙한 웃음을 웃었다.

우리가 이런 경험들—떨어짐, 경련, 짖음, 춤추기, 웃음—을 어떻게 이해해야 하는가? 일생 동안 바톤 스톤은 이런 것들이 당시의 비정상적 상황을 통해 사역하시는 성령의 증거라고 믿었다. 스톤은 자서전에서 이렇게 말했다. 정말 이상한 일은 많은 사람들이 종말이 가깝다고 느꼈을 때 이런 경험이 일어난 것이 아니었다는 것이다. 이런 경험들에 의해 영향을 받은 사람들의 삶에 역사하는 성령을 본 것이 스톤을 오순절적으로 혹은 은사적으로 만들었다.

그는 성령이 사람들로 하여금 그들의 죄를 확신시키기 위해 어느 상황에서나 역사할 수 있다고 생각한 반면, 이런 경험이 모든 그리스도인들의 보편적 경험이라고는 결코 생각지 않았다. 달리 말하자면, 비록 성령이 어떤 신자들에게는 그렇게 극적인 상황에 역사할 수 있지만, 사람들은 그런 비정상적인 경험 없이도 성숙하고 성실한 기독교인이 될 수 있다는 것이다. 따라서 스톤을 오순절적이라거나 은사적이라고 부르는 것은 부정확하고 시대착오가 될 것이다.

여전히 케인 리지 부흥은 스톤과 다른 사람들에게 지대한 영향을 주었다. 그것은 그들에게 그리스도인 연합의 중요성을 확신시켜 주었다. 성령이 침례교, 감리교, 장로교 설교에 응답으로 올 수 있다면, 이 교단들 사이의 차이점은 복음과 상관없을 것이다. 성령으로 인해 일어난 기독교인 간의 연합은 그리스도를 따르기를 주장한 모든 사람들의 목표가 되어야 한다. 스톤의 말로 하면, "그리스도인 연합이 북극성이 되게 하라!"

케인 리지의 경험은 스톤과 그의 동료 목사들이 칼빈주의적 예정론에 대해 가졌던 의심을 증가시켰다. 비록 그들이 칼빈주의자이며

케인 리지 집회 장소를 보호하는 묘

부흥주의자일지라도 그들은 부흥회 동안에 많은 사람들이 자유롭게 복음과 성령에 반응하는 것을 보았다. 그들은 제한적이지만 실제로 자유의지의 교리에 더 친밀감을 느꼈다.

최후의 유언과 증언

연합을 향한 이러한 열망은 곧 구체적인 행동으로 증명되었다. 켄터키 장로교 대회가 스톤과 다른 5명의 목사들에게 부흥을 지지하는지, 다른 교인들에게 열린 입장을 가지고 있는지, 칼빈주의에 대한 의심에 대해 질문하였다. 대회가 통제하기 전, 그들은 떨어져 나가서 자신들만의 모임, 즉 스프링필드 노회를 조직했다. 1년도 채 안 되어 그들은 스프링필드 노회가 성경적 연합에 반대된다고 생각해서 이 노회를 해체하기로 결정했다.

그들은 노회를 해체한 이유를 1804년에 쓰여진 〈스프링필드 노회의 최후 유언과 증언〉에서 밝혔다. 이 문서는 우리 역사에 매우 중요해서 그 전문을 아래에 쓴다(19세기 문법과 스타일을 포함하여).

스프링필드 노회는, 하나님의 은혜로운 섭리로 말미암아 평소보다 더 건강하게, 힘과 크기가 성장하고, 완전히 건전하고 차분한 마음으로 있으나, 대표를 파송한 모든 교회들이 단번에 죽기로 정해진 것을 알고, 또 그와 같은 모든 교회들의 삶은 매우 불확실하다고 생각되어, 버번 카운티, 케인 리지에 모여 다음과 같은 형태와 방법으로 이 유언서를 만들어 제정한다.

먼저, 우리는 이 노회가 죽어, 해체되어, 크게 그리스도의 몸과 연합하기를 유언한다. (왜냐하면) 우리가 연합의 소망을 받았을 때조차 거기에는 오직 한 몸과 한 성령만 있기 때문이다.

조항. 우리는 우리를 구별하는 명칭인 '레버런드'(Reverend)란 호칭이 사라질 것과 하나님의 유산(모든 교회들) 위에는 오직 한 주뿐이며, 그 이름은 하나일 것을 유언한다.

조항. 교회 치리를 위한 법을 만들고, 위임된 권위로 그 법을 집행하는 권한은 영원히 멈출 것과 사람들은 성경을 자유롭게 연구하며, 예수 그리스도 안에 있는 생명의 성령의 법을 채택할 것을 유언한다.

조항. 복음 사역을 위한 후보자들은 이제부터 뜨거운 기도로 성경을 연구할 것과 철학의 혼합이나 헛된 속임수나 전통과 세상의 초등 학문을 버리고, 하늘로부터 내려 받은 성령으로 단순한 복음을 설교할 자격을 하나님으로부터 받을 것을 유언한다. 그리고 지금부터 오직 아론과 같이 하나님의 부르심을 입은 자를 제외하고는 아무나 스스로 설교할 영광을 취하지 못하게 한다.

조항. 그리스도의 교회는 내적으로 치리할 권리-교역을 원하는 후보자들의 믿음은 건전한지, 가르칠 만한 체험적 신앙, 진지함, 또 재능이 있는지-를 회복할 것과 그들 안에 말씀하시는 그리스도 이외에 다른 어떤 것도 그들에게 권위가 있다는 증거로 인정하지 않을 것을 유언한다. 그리스도의 교회는 추수의 주님에게 추수할 일꾼들을 보내어 달라고 청할 것과 자칭 사도라 하되 실상은 아닌 자들을 시험할 본래의 권리를 회복할 것을 유언한다.

조항. 각 개교회는 한 몸으로서 같은 정신으로 활동하며, 개교회의 설교자를 선택하며, 자유롭게 드리는 헌금으로 사례하고, 서명 요구나 승낙 없이-교인들을 받아들이며-위법을 제거하며, 지금부터는 일인 혹은 다수에게 교회의 치리권을 위임하지 않을 것을 유언한다.

조항. 지금부터 사람들은 성경을 천국으로 가는 유일하고 확실한 안내자로 삼을 것과, 만약 화난 많은 사람들이 성경과 경쟁 관계에 있는 다른 책들을 선택한다면, 그 책들을 불 속에 던져버릴 것을 유언한다. 한 책을 가지고 생명에 들어가는 것이 많은 책을 가지고 지옥에 던지우는 것보다 낫기 때문이다.

조항. 설교가들과 사람들은 상호 관용의 정신을 개발하며, 더 많이 기도하고, 논쟁을 피하며, 시대의 징조를 보고 살피며, 구속이 가까웠음을 확고하게 기대할 것을 유언한다.

조항. 스프링필드 노회를 그들의 왕으로 삼으려 했으나, 그 노회가 현재 되어진 상태를 알지 못한 우리의 약한 형제들은 만세 반석에게로 가야 할 것과 장래를 위해 예수를 따를 것을 유언한다.

조항. 켄터키 대회는 신앙고백서에서 떠난 것으로 의심되는 모든 교인을 조사하고, 그렇게 의심되는 모든 이단자를 즉각 정직시키고, 억압된 자들이 자유롭게 되고, 복음의 자유의 향기를 맛보기를 유언한다.

조항. 최근 렉싱턴에서 발행한 두 문서의 저자인 모씨는 당파주의를 없애고자 하는 그의 열성이 격려받기를 유언한다. 또 우리의 과거 행동은 바른 내용을 알고 있는 사람들에 의해서 판단받아야 하며, 일의 사정을 모르는 사람들은 그들이 모르는 일들에 대해 나쁘게 말하지 않도록 조심할 것을 유언한다.

조항. 마지막으로 우리의 모든 자매 교회들은 성경을 조심스럽게 읽으며, 성경 안에 결정된 그들의 운명을 보며, 너무 늦기 전에 죽음을 준비할 것을 유언한다.

스톤과 5명의 다른 목사들이 서명한 이 문서는 환원과 연합을 외치는 분명한 호소였다. 이 문서의 많은 부분은 여전히 '그리스도의 교회들'에 큰 영향을 주고 있다. 몇 항목은 우리에게 더 큰 영향을 줄 만하다. 그리스도인들은 성경만을 따라야 한다. 각 지역 회중은 각기 자신의 일을 치리해야 하며, 자신의 목사를 선택해야 한다. 목사들은 어떤 권위와 책임을 가지고 임명되나 규정을 만드는 성직자가 되어서는 안 된다. 지역 교회 외에 목사들의 노회 같은 공식적인 조직이 있어서는 안 된다. 협력과 자유의 정신이 우세해야 한다. 우리는 논쟁은 더 적게 하고, 대신 기도하듯이 그리스도가 재림하실 때 주실 구원을 기대해야 한다.

스톤 운동의 성장

제임스 오' 켈리의 전 지인(知人) 라이스 해거드의 지적에 따라 스톤과 그의 추종자들은 바로 자신들을 '그리스도의교회들' 혹은 '그리스도인교회들' 이라고 불렀다. 1807년 그 운동 내부에 침례의 문제가 일어났다. 결국 스톤 교회들은 신자의 침례를 실시했다. 그러나 그것을 교제의 절대 기준으로 삼지는 않았다(유아 세례를 받은 자들이 여전히 정규 교인이 되고 성찬에 참여할 수 있었다.). 스톤은 신자의 침례를 교제의 기준으로 삼는 것이 어떤 신조보다 더 많은 교인들을 배제할 것이라고 생각했다.

스톤은 그의 신학적 입장 중 두 가지 입장에 대해 강하게 반대를 받았다. 그는 속죄의 대속적 견해, 즉 그리스도가 십자가에서 우리가 하나님께 진 빚을 지불했다는 사상을 부정했다. 스톤에게 그런 견해는 하나님을 사랑하는 아버지 대신 빚의 지불을 요구하는 가증스러운 독재자로 만들었다. 그는 역시 예수를 하나님의 아들로 찬양했지만, 삼위일체의 전통 교리를 긍정하지 않았다. 이런 문제들에 대해 스톤은 성경의 문자적 표현을 주장하고 다른 표현들을 사변신학이라 비난했다.

그러나 스톤의 신학적 반대자들과 쉐이커교도로 간 몇몇 지도자의 변절, 그리고 장로교로의 회귀에도 불구하고 1820년대 스톤 운동은 1만 2천 명의 교인으로 성장하고, 켄터키와 오하이오 주로부터 테네시, 앨라배마, 미주리, 일리노이 주로 퍼져 나갔다. 이런 성장은 대부분 침례교를 포기하고 그리스도인들이 된 분리주의 침례교인들 전체 회중들에 연유했다.

이러한 성장은 바톤 스톤의 모범과 성격의 결과이기도 했다. 스톤은 지치지 않는 전도자였을 뿐 아니라 잃어버린 자들을 향한 평화로운 영과 사랑은 그의 신문 〈크리스천 메신저〉(*The Christian Messenger*, 1826-1844 발행)를 통해 다른 사람들에게 영향을 주었다. 비록 스톤이 계속 대속적인 속죄와 전통적인 삼위일체주의에 대한 반대를 논의했지만, 그는 자주 기독교적 관용과 연합에 초점을 두었다.

얼마 되지 않아 스톤은 그의 운동을 토머스-알렉산더 캠벨에 의해 지도된 운동과 연합시켜, 연합에 대한 그의 가르침을 구체화시킬 것이다.

그래서 1804년 3개의 미국 독립적 운동이 '단지 그리스도인들'이 되려 하였다. 3개의 다른 교단들-감리교, 침례교, 장로교-로부터 온 그들 사이에는 차이가 있었지만, 유사성 또한 현저했다. 3개 교단은 모두 성경만이 그들의 신조가 되기를 원했다. 모두가 그리스도인들이라는 이름을 취했다. 모두가 감독이나 성직자에 의해 지도되는 노회의 통제 없이 회중교회의 형태로 조직했다. 각 교단은 그리스도인 연합을 도모하기 위해 일했다. 모두가 복음주의적이었다. 이 '환원 운동들'은 미국에서 지속적으로 계승되어야 했다.

토의 문제

1. 케인 리지 부흥에서 일어난 '영적 경험들' 을 무엇이라고 생각하는가? 이것은 성령의 순수 경험인가 아니면 다른 방법으로 설명되어야 하는가? '그리스도의교회들' 에는 이런 경험에 대한 공간이 있는가? 이런 공간이 있어야만 하는가?

2. 여전히 '그리스도의교회들' 에 영향을 주는 〈스프링필드 노회의 최후 유언과 증언〉에 나오는 주제 가운데 적어도 다섯 가지 주제를 말하고 논의하라. 우리의 현재 영적인 걸음을 돕기 위해 이 문서로부터 배울 수 있는 다른 무엇이 있는가?

3. 스톤은 예수님이 우리를 향한 하나님의 화를 완화시키기 위해 우리의 죄의 빚을 지불했다는 대속적인 속죄의 사상에 반대했는가? 이 교리가 하나님에 대해 의미하는 것은 무엇인가?

4. 삼위일체의 교리는 얼마나 중요한가? 그 교리는 '그리스도의교회들' 에게 얼마나 중요했는가?

5. 우리가 이제까지 논의한 3개의 그리스도인 그룹 사이에 유사점과 차이점은 무엇인가?

참고도서

Conkin, Paul K. *American Originals*. Chapel Hill: University of North Carolina Press, 1997. See Pages 8-14.

Garrett, Leroy. *The Stone-Campbell Movement*. Joplin, Missouri: College Press, 1994. See Pages 71-95.

McAllister, Lester G. and Tucker, William E. *Journey in Faith*. Saint Louis, Chalice Press, 1975. See Pages 61-68.

North, James B. *Union in Truth: An Interpretive History of the Restoration Movement*. Cincinnati: Standard Publishing, 1994. See pages 33-70.

Webb, Henry E. *In Search of Christian Unity: A History of the Restoration Movement*, revised edition. Abilene, TX: ACU Press, 2003. See Pages 41-59.

West, Earl Irvin. The Search for the Ancient Order, Vol. 1. Nashville: Gospel Advocate, 1986. See pages 18-35.

Williams, D. Newell. *Barton Stone, A Spiritual Biography*. St Louis: Chalice Press, 2000.

4장

캠벨 가족의 도착

캠벨 가족의 도착

오' 켈리, 스미스, 존스, 스톤이 미국에서 그리스도인 그룹을 형성하고 있을 때, 토머스 캠벨은 아직 아일랜드에 있었다. 캠벨 가족의 종교적 순례는 흥미롭다. 토머스의 부친 아키볼드 캠벨(Achi-bald Campbell)은 천주교로부터 개종한 성공회 교인이었다. 토머스는 스코틀랜드 장로교로 개종했고, 아일랜드 리치힐(Rich Hill)에 있는 아호리 교회(Ahorey Church)의 목사가 되었다.

리치 힐 아일랜드 교회
(Rich Hill Ireland Church)

아일랜드에 있는 동안 캠벨은 그가 속한 분리주의 장로교회, 반(反)버거(Anti-Burgher), 옛 빛의 편협함에 실망하게 되었다. 이 이름들은 각각 장로교 내부에서 있는 교리적으로 분열된 그룹을 가리켰다. 캠벨은 분열 대신 초대교회가 누렸던 연합을 염원했고, 아일랜드 분리 교회 내부의 다른 분파들을 연합하려고 몇 번이나 시도했으나 실패했다.

1807년 토머스는 나중에 재결합하기로 하고 아일랜드에 가족을 남긴 채 미국으로 떠났다. 서부 펜실베이니아 주에서 설교하기로 배정받은 캠벨은 모든 분파의 장로교인들이 성찬에 참여하도록 허락했다는 이유로 어려움에 빠졌다. 그의 노회와 대회로부터 비난을 받은 캠벨은 영국 선교사와 성경회들(Bible societies)을 본따 초교파 성경공부를 시작했다. 이 성경공부반은 펜실베이니아 주 워싱턴 그리스도인 연합(Washington Christian Association)이라고 알려져 있다.

선언과 제언

토머스 캠벨

1809년 그리스도인 연합은 토머스 캠벨에게 그리스도인들의 연합을 위하여 그 연합의 목적과 계획을 진술하는 문서를 쓰도록 위임했다. 이 〈선언과 제언〉(Declaration and Address)(미국 독립 선언에 의해 선포된 자유를 언급)은 그리스도인들의 연합에 대한 근거로, 신약성경에 나타난 자유로 돌아갈 것을 분명하게 외쳤다.

19세기 언어로 보면 쓰인 〈선언과 제언〉은 다음과 같은 중요한 점들을 포함한다.

1. 그리스도인들의 연합을 열렬하게 호소

"지상에 그리스도의 교회는 본질적으로, 의도적으로, 법적으로 하나이다." 동 교회는 그리스도인들이 "동일한 은혜의 주체, 동일한 신적 사랑의 대상, 동일한 값으로 산, 동일한 유산을 상속받은 자들이다." 하나님은, 요한복음 17장에서 예수님이 연합을 열렬하게 기도한 것처럼, 교회가 하나 되기를 원하신다. 교회를 하나로 만드는 '헌법' 은 신약성경이다.

2. 그리스도인들 사이의 분열을 강하게 정죄함

"그리스도인들 사이의 분열은 많은 악으로 가득 찬 무서운 악이다." 그러므로 "그리스도인들 사이에는 균열도, 무자비한 분열도 있어서는 안 된다."

3. 신약성경의 분명한 가르침에 근거하지 않은 교리적 차이가 분열의 원인이다

〈선언과 제언〉에서 캠벨은 60번 이상 성경의 결속력 있는 가르침을 기술하기 위해 '분명하게 나타난' , '명백한' , '명확한' 이란 어휘들을 사용한다. 성경이 분명하지 않은 곳에서는 어떤 불일치도 그리스도인들을 나누어서는 안 된다. 토머스 캠벨은 결코 '분명한 가르침' 이 무엇인지 정확히 설명하지 않았다. 또 그리스도인들이 성경이 분명하게 가르치는 것에 대해 크게 일치하지 못하는 어려움에 대해서도 말하지 않는다. 이것은 후에 캠벨 운동에서 의미 있는 문제가 될 것이다.

4. 예수를 믿는 신앙에 대한, 정교한 신조에 대한 동의가 아닌, 단순한 고백이 교회에 들어가는 데 필요한 모든 것이다

그러므로 신조는 사실이고 도움이 된다 할지라도 그 신조에 동의하지 않는 그리스도인을 하나님의 자녀로 받아들이는 것을 배제하는 데 사용해서는 안 된다.

5. 1세기 교회의 순수함으로 돌아가고자 하는 열망

그리스도인들을 분열시키고 교회의 아름다움을 흐리게 하는 조항들을 제거함으로써 하나님의 백성은 개인적이고 공동체적인 거룩함과 순수함을 경험할 수 있다.

6. 그리스도인들 사이의 사랑과 이해에 대한 호소

그리스도에 대한 믿음을 고백하는 사람들은 서로를 하나님의 귀한 성도들로 간주해야 하고, 서로를 형제로서 한 가족과 아버지의 자녀로서, 동일한 성령의 전으로서, 동일한 몸의 지체로서 사랑해야 한다.

토머스 캠벨은 결코 〈선언과 제언〉의 원칙이 새로운 종교의 기초가 되는 것을 의도하지 않았다. 대신 그것은 모든 교단의 그리스도인들을 연합으로 부르는 호소였다. 우리가 변호하고 있는 원칙은 우리 자신만의 독특한 원칙도 아니고, 어떤 당의 원칙도 아니고, 그것은 공동 원칙, 즉 그리스도와 모든 교단 안에 있는 우리 형제들의 원칙이다.

워싱턴 그리스도인 연합이 결국 새로운 회중의 핵심인 브러시 런 교회(Brush Run church)를 세웠을 때 모든 것들이 변했다. 교회를 세움으로 캠벨은 그리스도인 연합에 대한 그의 목표를 더 어렵게 했다. 심지어 오늘날 다른 교단 사람들이 모인 성경공부 그룹에서조차 우리는 많은 것을 공동으로 가지고 있는 것같이 보인다. 왜 우리는 연합할 수 없는가? 만약 그 성경공부 그룹이 한 교회가 되어야 한다면, 그들은 그들 사이의 차이 가운데 어떤 것을 선택하는 결정을 해야만 한다. 어떻게 그들이 예배할 것인가? 누가 그들을 인도할 것인가? 누가 이 교회의 일부가 될 것인가? 교회가 무엇을 믿고 가르쳐야 하는가? 연합에 대해 말하는 것이 실제로 연합을 이루는 것보다 더 쉽다.

이것을 말함으로써 우리는 그리스도인 연합을 부르는 토머스 캠벨의 힘을 약화시키려는 것은 아니다. 다음 장들에서 보겠지만 '그리스도의교회들'은 결국 이러한 연합에 대한 주제를 소홀히 했다. 〈선언과 제언〉은 만약 우리가 성서적이어야 한다면 우리는 이전보다 더 심각하게 연합을 간구하는 예수님의 기도를 생각해야 한다는 것을 상기시켜준다.

스코틀랜드의 알렉산더 캠벨

알렉산더(1788-1866)를 포함하여 아일랜드에 남겨진 토머스 캠벨의 가족은 미국에 있는 아버지 캠벨과 조우하기 위하여 배를 탔다. 그 배는 폭풍으로 스코틀랜드 해안 주변에서 난파되었다. 결국 그 가족은 1808년과 1809년 글래스고에서 1년을 보냈는데, 여기에서 알렉산더는 그곳 대학의 수업에 참석할 수 있었다.

로버트 샌드맨

알렉산더는 글래스고에 있는 동안 그레빌 유잉(Greville Ewing)과 다른 친구들을 사귀었는데, 그들은 스코틀랜드 교회에서 나와 독립된 교회를 개척한 사람들이었다. 유잉은 두 형제 (제임스 홀데인과 로버트 홀데인, James and Robert Haldane)와 알고 지냈는데, 그들은 존 글래스(John Glas)와 로버트 샌드맨(Robert Sandeman)의 사상에 영향을 받았다.

글래스, 샌드맨, 홀데인 형제, 그리고 유잉, 이들은 모두 그리스도인들이 신약교회의 신앙으로 돌아가길 원했다. 그들이 비록 모든 세부 사항에 동의하지 않았음에도 불구하고 이 신앙은 장로들이 지역교회를 지도하는 능력, 주일 성찬, 세족을 하는 애찬, 거룩한 키스, 성자들의 침례, 목사 칭호의 반대, 교회와 국가의 분리를 포함했다.

글래스고에 있는 동안 알렉산더는 어떤 독립교회에도 참석하지 않았지만, 분리주의 장로교회의 편협성이라고 생각하는 것에 점점 더 크게 불만족하게 되었다. 마지막으로 그 가족이 미국에 성공적으로 항해하여 가기 전에, 스코틀랜드에서 한 마지막 행동은 분리주의 교회와의 교제를 묵묵히 거절하는 것이었다.

아버지와 아들의 재결합

뉴욕에 도착한 후, 그 가족은 1809년 10월 서부 펜실베이니아 주에서 재결합하였다. 그들은 분리주의 장로교회와 관계를 가질 때 자신들이 각자 겪은 어려움에 대해서 이야기했다. 알렉산더는 〈선언과 제언〉의 교정본을 읽고, 그의 생을 거기에서 발견한 원칙을 추진하는 데 바치기로 맹세했다. 알렉산더는 그의 아버지 아래서 목회를 위한 공부를 시작했다. 그리고 브러시 런 교회에서 아버지와 설교를 분담했다.

알렉산더 캠벨

이어 1811년 알렉산더는 마거릿 브라운(Margaret Brown)과 결혼하였는데, 그녀는 서부 버지니아 주 경계 바로 너머에 살고 있는 농부의 딸이었다. 알렉산더 부부는 장인의 농장에서 장인의 유산을 물려받을 때까지 살았다. 이 유산은 서부 버지니아 주의 베다니에 살게 된 알렉산더의 집이 되었고, 그가 죽을 때까지 이끌었던 운동의 중심지가 되었다.

결혼 후에 마거릿과 알렉산더가 첫 아이 제인을 가졌다. 제인의 출생은 가족을 위한 기쁨의 시간보다 더한 것이었다. 그것은 또한 신학적인 위기였다. 브러시 런 교회의 교인들 가운데 몇 사람은 유아세례의 유효성을 의심했고, 성인이 되었을 때 다시 침례를 줄 것을 요구하였다. 그래서 알렉산더 캠벨은 결정을 해야만 했다. 자기 딸에게 유아 세례를 줄 것인가? 그 자신도 세례를 다시 받아야 하는가?

그는 한 달간의 연구 끝에 결론을 내렸다. 세례는 신자의 침례여야 하고, 유아에게 뿌리는 듯한 세례는 유효하지 않다. 1812년 6월 청교도 목사 마티아스 루스(Matthias Luce)는 알렉산더와 토머스 캠벨, 그들의 아내들, 그리고 3명의 브러시 런 교회 교인들에게 침례를 주었다.

곧 브러시 런의 모든 교인들은 신자로서 침례를 받았다. 이것은 캠벨 가족을 장로교 뿌리로부터 더 분리시켰다. 장로교인들은 특별히 아담으로부터 받은 죄로부터 그들을 깨끗이 하기 위해서 유아에게 세례를 주어야 한다고 믿었기 때문이다. 반면에, 신자들의 침례 의식은 캠벨을 개척지에 있는 침례교인들의 영역으로 넣었다. 많은 토론이 있은 후 브러시 런 교회는 1815년 레드스톤 침례교 연합(Redstone Baptist Association)에 가입하였다.

침례교인들의 개혁자들

레드스톤 침례교 연합에 가입하는 것은 모든 그리스도인을 연합하려는 캠벨의 목적을 포기하는 것처럼 보일 수도 있다. 그들이 특별한 교단에 속해 있을 때 어떻게 그리스도인 연합을 부르짖을 수 있을 것인가? 그러나 캠벨 가족, 특별히 토머스 캠벨은 그렇게 생각하지 않았다. 대신 그는 어떤 가시적 연합을 그리스도인들의 궁극적 연합의 첫걸음으로 느꼈다. 침례교 소속으로 가는 것이 독자적인 모임이 되는 것보다 더 나았다.

이후 15년 동안 캠벨 가족은 침례교인들의 개혁자였다. 그들의 추종자들은 브러시 런 교회에 더하여 새로운 교회를 개척했다. 알렉산더 캠벨은 교육자로서, 발행자로서, 논쟁가로서 그의 일을 통해 영향력이 있게 되었다. 캠벨은 1818-1823년 동안 자기 집에서 사역을 위해 젊은이들을 가르쳤다. 1823년 월간지 〈크리스천 뱁티스트〉(*Christian Basptist*)를 시작했다. 그 잡지의 논조는 인습 타파적인, 전통적인 제도, 특별히 성직자의 교권을 공격하는 것이었다. 알렉산더는 초대교회의 연합과 신약성서의 기독교를 회복하는 데 반대되는 모든 관행들을 파괴하기로 마음먹었다.

비록 가르치고 쓰는 것이 알렉산더 캠벨에게 악명을 주었지만, 논쟁은 그를 개척지에서 유명인사가 되게 했다. 캠벨은 그리스도인 연합에 부합되지 않은 토론과 논쟁을 반대했다. 종교적, 정치적 논쟁은 초기 미국에서는 일반적인 관행이었다. 침례교인들이 신자들의 침례를 옹호하기 위해서 몇 번인가 알렉산더 캠벨을 만난 후에, 그는 결국 그들에게 동의했다. 캠벨은 1820년 존 워커(John Walker)를 만났고, 1823년에 윌리엄 매칼라(William Maccalla)를 만났는데, 이들은 모두 유아 세례를 찬성하는 장로교 목사였다. 이 논쟁은 특별히 활자로 인쇄되어 널리 영향을 미치고, 심지어 토머스 캠벨에게까지 확신을 주어 논쟁이 회복과 연합을 이끄는 데 긍정적으로 작용했다.

비록 그의 논쟁이 그를 신자의 침례를 열렬히 지지하는 자로 만들었지만 그의 또 다른 가르침은 많은 침례교인들의 의심을 사게 만들었다. 이미 1816년에 그는 레드스톤 연합의 모임에서 행한 '율법에 관한 설교' 로 많은 침례교 지도자들을 화나게 했다. 그 설교에서 캠벨은 구약과 신약을 날카롭게 구분하고, 모세의 법은 교회의 신앙과 교회의 행위를 결정하는 데 권위가 없다고 주장하였다. 레드스톤 연합 소속 목사들의 강한 반대로, 캠벨은 그의 교적을 그의 개혁에 찬성하는 그룹인 인근의 마호닝 침례교 연합(Mahoning Baptist Association)으로 바꾸게 했다.

마호닝 연합의 교회들은 월터 스콧(Walter Scott)의 복음주의 덕분에 상당히 빠르게 성장했다. 그러한 성장에 대한 시기와 캠벨 부자가 세례의 의미와 목사의 역할에 대한 침례교 신앙을 받아들이지 않는다는 인식이 곧 다른 침례교 연합들이 그들에게 등을 돌리게 만들었다. 캠벨은 점차적으로 세례는 하나님이 죄를 용서하고, 그 사람을 천국으로 가게 하는 자리라고 이해했다. 그가 폭군적인 침례교 목사라고 여기는 것을 더 오랫동안 다루면 다룰수록, 성직자에 대한 그의 적대감은 점점 더 강하게 되었다.

결국 캠벨과 추종자들은 침례교에서는 개혁자가 될 수 없다고 판단했다. 마침내 1830년 마호닝 연합은 해체되고, 이어 많은 연합(버지니아, 오하이오, 그리고 인접한 주들)이 해체 분열되어 캠벨의 지도를 따랐다.

그리스도의 제자들

캠벨이 인도한 교회들은 그들 자신을 무엇이라고 불러야 하는가에 대한 문제에 직면했다. 많은 추종자들은 '그리스도인' 이란 이름을 선호했다. 회중은 자주 자신들을 공동체 이름, 즉 '브러시 런 교회', '웰스버그 교회' 라고 불렀다. 때때로 교회 건물 밖 표지판엔

'그리스도의교회'(Church of Christ) 또는 '그리스도인교회'(Chris-tian Church)라고 쓰여 있었다.

이러한 이름들의 혼란은 많은 점에서 의도적이었다. 그들은 배타적 분파나 교파적 이름을 원하지 않았다. 예수의 모든 추종자들을 연합으로 부르기를 원했다. 그럼에도 불구하고 한 이름이 회중 중심으로 조직된 교회의 특징을 잘 말해 주었는데, 그 이름은 '그리스도의제자들'(Disciples of Christ)이다. 알렉산더 캠벨은 특별히 '그리스도인'보다 이 이름을 선호하였다. 결국 예수의 추종자들은 그들이 그리스도인이라 불리기 전에 제자들이라고 불렸다. 캠벨 역시 그의 운동이 신영국과 버지니아 주의 기독교 운동, 심지어는 바톤 스톤이 인도한 기독교 운동과 혼동될까 봐 약간 긴장하였다.

그러나 이 제자파와 스톤 교인들 사이에 유사성이 명확해서 이 두 그룹은 알렉산더 캠벨의 강한 지지가 없었음에도 결국 연합하게 되었다. 연합에 대한 이야기는 다음 장에서 할 것이다.

토의 문제

1. 토머스 캠벨이 그리스도인 연합을 실현하려는 계획을 간단히 서술하라. 그 계획의 어떤 부분이 실현 가능하게 보이는가? 오늘날은 어떤 부분을 강조해야 하는가?

2. 토머스 캠벨이 교회를 시작하지 않고 초교파 성경반을 계속했다면 그것이 더 나았을까? 우리가 개교회에 속하지 않고 그리스도인이 될 수 있을까?

3. 알렉산더 캠벨이 스코틀랜드에서 만난 교회 지도자들이 후일 그의 교회관에 어떤 영향을 주었는가?

4. 알렉산더 캠벨이 그의 생각을 침례교인들에게 퍼뜨린 방법은 무엇이었는가?

5. 캠벨 가족이 침례교 연합을 떠난 이유는 무엇이었는가?

6. 알렉산더 캠벨이 '제자들' 이란 이름을 선호한 이유는 무엇이었는가?

참고 도서

Conkin, Paul K. *American Originals*. Chapel Hill: University of North Carolina Press, 1997. See Pages 14-22.

Garrett, Leroy. *The Stone-Campbell Movement*. Joplin, Missouri: College Press, 1994. See Pages 97-141.

Hughes, Richard T. *The Churches of Christ. Westport*, Connecticut: Praeger Press, 2001. See Pages 3-98.

McAllister, Lester G. and Tucker, William E. *Journey in Faith*. Saint Louis, Missouri: Chalice Press, 1975. See Pages 89-146.

North, James B. *Union in Truth: An Interpretive History of the Restoration Movement*. Cincinnati: Standard Publishing, 1994. See pages 71-152.

Olbricht, Thomas H. and Rollmann, Hans. *The Quest for Christian Unity, Peace and Purity in Thomas Campbell's Declaration and Address*. Lanham, Maryland: Scarecrow Press, 2000.

Webb, Henry E. *In Search of Christian Unity*. Abilene, Texas: Abilene Christian University Press, 2001.

West, Earl Irvin. *The Search for the Ancient Order*, Vol 1. Nashville: Gospel Advocate, 1986. See pages 36-75.

5장

스톤과 캠벨 운동의 연합

1820년 미국의 지도를 들고 스톤 운동의 중심부 주위로 동심원을 그려 보라. 캠벨 운동도 똑같이 그려보면 그 동심원이 서부 버지니아, 오하이오, 그리고 켄터키에서 교차할 것이다. 이 세 주 중에서 오하이오와 켄터키에서 점점 더 가까이 접촉하고 있다. 조지타운, 렉싱턴, 켄터키에 각 그룹의 모임이 있었다.

베다니 교회

알렉산더 캠벨은 1823년 먼저 켄터키를 방문했고, 다음에 스톤의 조지타운 거실에서 스톤을 만났다. 두 사람은 생각이나 목표가 서로 아주 가깝다는 것을 알고 서로에게 존경심을 표현했다. 나중에 스톤은 캠벨에게 그가 아는 어느 사람보다 결점이 적은 사람이며, 그들이 참여한 종교개혁의 위대한 추진자로 인정한다고 말했다. 1844년 캠벨은 스톤을 많은 사람을 인간 전통으로부터 벗어나 성경을 신앙과 삶의 규칙의 고백으로 받아들이게 하는 도구로 환영했다.

두 사람과 그들의 운동 비교

그러나 캠벨과 스톤은 항상 서로를 약간 불편하게 느꼈다. 물론 두 사람 사이에는 교육과 경제적 면에 차이가 있었다. 스톤이 종종 가난하게 사는 동안, 캠벨은 부유한 농부였고 땅의 지주였다. 스톤이 개척지 학교와 현장에서 훈련하는 동안, 캠벨은 글래스고 대학에서 수학했다. 그들은 많은 면에서 다르고, 여러 면에서 다른 사람들이었다. 그러나 그들의 관계가 서로 서먹한 데는 또 다른 이유가 있었다.

스톤이 믿는 종교개혁의 기본은 그리스도의 정신에 의해 특징지어진 삶을 만들어가는 것이었다. 성령의 열매로 알려진 사랑, 겸손, 인내, 그리고 기쁨이 성공의 진정한 기준–궁극적 목표였다. 스톤은 사람들을 신조와 교단 구조의 속박으로부터 벗어나 오로지 성경에 의지하게 함으로써 이러한 기본적 성향을 배양하고자 했다. 신자들이 이러한 덕을 구현할 때만 그리스도인들은 연합할 수 있고, 하나가 될 수 있고, 진정한 개혁이 올 수 있다고 믿었다. 그는 캠벨이 교리에 너무 경직된 나머지 성령의 사역에 대한 강조를 약화시키고 있다고 믿었다.

한편 캠벨은 스톤과 다른 그리스도인 그룹들이 교리를 너무 엄격하게 여기지 않는다고 생각했다. 뉴잉글랜드 그리스도인들은 특별히 삼위일체의 생각과 그리스도의 사역에 너무 비정통적인 시각을 가지고 있었다. 어떤 이들은 보편 구제설－하나님께서 마침내 모든 사람들을 구원하실 것이라는 생각－을 가지고 있었다. 개혁을 위한 캠벨의 강령은 고대 복음과 일의 질서로 돌아가는 것이었다. 즉 초대교회의 교리와 실천이다. 그는 확실히 스톤에게 중요한 것은 그리스도에 대한 진실한 순종이 성령의 열매로 이어진다는 사실이라고 믿었다. 그러나 캠벨은 신약에 나타난 교리적 세부 사항을 회복하는 것이 교회를 개혁하고 그리스도인의 일치를 가져다 줄 것이라고 믿었다.

그래도 그들은 많은 공통점을 가지고 있었다. 영적인 빛, 삶, 그리고 권위의 유일한 참 근원인 성경에 전념했다. 그리스도인들의 추종자들 사이에 부끄러운 분열을 끝내는 데 전념했고, 신조, 성직자, 비성서적 이름들, 그리고 교파를 포함한 그리스도인을 분리하는 어떤 것에도 반대했다. 신약성서에 그려진 교회가 그 세대의 모든 부패를 정화하고 자유롭게 하는 이상적인 교회라고 믿었다. 그리고 그런 연합된 교회를 회복하는 것이 목표였다.

연합을 위한 초기 움직임과 어려움

이미 1820년대 두 단체의 멤버들은 그들이 왜 하나가 되지 않았는지 묻기 시작했다. 1831년 그가 발행한 신문 〈크리스천 메신저〉에서 스톤은 이 물음에 답하였다. 그와 그의 운동에 관한 한, 그들은 이미 정신에 있어서 하나이기 때문에 가시적으로 연합하지 않을 이유가 없다고 스톤은 말했다. 연합에 대한 저항은 스톤 사람들 편이 아니고 개혁가들, 즉 캠벨 사람들 편에 있었다.

스톤은 캠벨 사람들이 주저하는 이유를 두 가지로 보았다. 첫째, 스톤 운동은 침례를 받지 않은 사람들이 교회의 교인이 되는 것과 성찬하는 것을 허용했다. 스톤 교회는 죄 용서를 받기 위해 사람들이 믿고, 회개하고, 침례를 받아야 한다고 가르쳤다. 그러나 그들은 캠벨 운동처럼 침례를 그리스도교의 필수적인 것으로 만들지 않았다. 침례의 중요성과 필요성에 대해 가르쳤지만, 확신이 없는 사람들에겐 인내하였다.

그들로 멀어지게 한 두 번째 이유는 각 그룹이 선택한 이름이었다. 스미스-존스와 오' 켈리의 교회처럼, 스톤 운동은 항상 단순히 '그리스도인' 이란 이름을 사용하였다. 캠벨은 '제자들' 이라는 호칭을 더 선호했고, 이 '제자들' 이라는 이름은 스톤이 인정하듯이 성경적 좋은 이름이었다. 그러나 스톤이 주장하듯이, 캠벨 교회는 그들을 그리스도인이라고 부르는 그룹과 혼동하지 않기 위해서 '제자들' 이란 호칭을 사용했다. 그 이름은 다른 신자들의 공동체로부터 그 교회를 구별해 주기 때문에 바로 장로교, 침례교처럼 교파 이름이었다. 캠벨은 아무도 그들에게 성경적 이름인 '그리스도인' 을 포기하라고 요구하지 않았다고 주장하며 날카롭게 응수하였다.

이 항목들(침례, 명칭)과 다른 항목들은 두 사람과 그들의 운동 사이에 깊은 차이점을 반영하였다. 예를 들면, 스톤은 삼위일체의 전통적 이해에 반대했다. 그는 신약성경이 대부분의 신조와 고백, 특별히 웨스트민스터 고백에서 나타난 것처럼 삼위일체의 교리를 가르쳤다고 보지 않았다. 삼위일체에 대한 거부로부터 예수에 대한 그의 견해가 성장했다. 그는 그리스도에 대한 모든 성경적 진술을 의문 없이 액면 그대로 받아들였다. 이것은 그리스도가 하나님 아버지와 동등하지 않다는 것을 받아들이는 것을 의미했다. 그리스도는 하나님의 아들이고 구세주였다. 성부는 그를 모든 다른 것 위에 높이고 그를 그의 우편에 앉혔다. 그러나 그는 성부와 동등하지 않았다. 성부와 성자의 동등함은 스톤에게는 별 의미가 없었다.

반면, 캠벨은 그리스도의 신성과 본질에 대한 견해에서 상당히 전통적이었다. 그는 삼위(Trinity)라는 단어가 성경에 있지 않다는 데 동의한 반면, 한 하나님 안의 공동체, 즉 '한 신 안에 있는 세 위' 가 기독교 신앙의 필수라고 믿었다. 그리스도를 완전한 신성으로부터 격하시키는 것은 기독교 신앙의 핵심, 즉 예수님이 우리를 구원하실 수 있다는 사실을 의심하는 것이었다.

스톤은 칼빈의 예정론을 강하게 반대했음에도 인간 본성에 대해서는 더 비관적인 견해를 가졌다. 인간은 복음을 이해할 수 있고, 또 복음에 적절하게 반응할 수 있다. 그러나 성령이 죄인을 확신시키고 개종시키는 데 큰 역할을 한다. 더군다나 인간 사회는 전체적으로 그리스도의 재림만이 막을 수 있는 내리막에 있다.

캠벨은 이것을 아주 다르게 보았다. 그는 인간이 머리를 쓰고 열심히 일함으로써 인간이 할 수 있는 것에 대해 낙관적이었다. 미국은 하나님이 교회–원시 복음과 질서–를 회복시키기 위해 준비된 장소였다. 이렇게 회복한 후에 모든 진정한 그리스도인들은 함께 나와서 세상을 개종시키고 평화와 번영의 천년왕국을 지상에 세울 것이다.

스톤과 캠벨은 복음주의에 대한 그들의 접근에 있어서 달랐다. 스톤은 케인 리지에서의 경험 이후로 부흥운동을 지지하였다. 여기에서는 성령이 사람들의 마음속에 역사하여 그들을 설득시키고 개종시켰다. 캠벨은 부흥회와 사람들을 개종시키는 데 그들이 사용하는 감정적인 방법을 싫어했다. 신약성경에 분명하고 자세하게 설명되어 있는 복음을 조용하고, 명확하고, 이성적으로 가르치는 것이 진리를 전하고 사람들을 반응하게 하는 올바른 방법이었다. 성령은 쓰여진 문자를 통해서, 그리고 쓰여진 문자와 함께, 그 쓰여진 문자로부터 결코 분리되지 않은 가운데 역사하여 죄인들을 설득시켜 예수를 영접하게 한다.

세례 역시 차이점이었다. 캠벨은 확실히 단순한 오해로 결코 침례를 받지 않고 그리스도의 용서와 구원의 유익을 누리는 사람들이 있다고 믿었다. 그러나 개혁의 일부가 되기 위해서–개혁한 교회의 일원이 되기 위해–반드시 침례를 받아야 한다고 가르쳤다. 왜냐하면 그것이 성경의 바른 가르침이기 때문이었다. 이미 말한 것처럼, 스톤과 그의 추종자들은 침례를 가르치되 침례받지 않은 신자들이 회중의 일원이 되고, 교회 생활에 완전히 참여하도록 허락하는 '개방 회원제'를 실시했다.

스톤 교회는 성찬을 불규칙적으로 거행한 반면, 캠벨 교회는 매주 시행하였다. 스톤 교회는 목회 사역을 조직화할 필요성에 대해서 훨씬 더 발전된 생각을 가졌다. 그들은 안수받은 목회자인 장로들과 공식적으로 안수받지 않은 장로들을 구분하였다. 캠벨 교회는 극단적으로 반성직자적이고, 교회에서 누가 무엇을 할 수 있는가에 대해 훨씬 더 민주적이었다.

이것들은 사소한 차이는 아니었다. 그들은 신성, 구원, 교회, 종말에 대해 상반된 견해를 가졌다. 이처럼 서로 다른 두 운동이 어떻게 연합을 고려할 수 있었는가? 그것을 상상하기는 어렵다. 그러나 두 운동을 하는 수천의 사람들은 그들이 공통으로 주장하는 것이 차이점을 능가한다고 확신하였다. 그들은 교회의 일원이 되는 기준으로 인간이 만든 신조와 고백을 거절하는 데 동의하였다. 그들을 다른 사람들과 분리하는 교단 교회들에 충성하는 것을 거절하였다. 모두가 종교의 권위에 대한 유일한 근거로 하나님과 그의 말씀에 의탁하였다. 모두가 그리스도에 속하는 교회의 연합을 원했다.

연합을 어렵게 만드는 몇 가지 실제적인 문제가 있었다. 두 그룹 사이에 일어날 연합을 선언할 중심 기구가 없었다. 각 운동에서 유일하게 결정하는 권위는 지역 회중이었다. 위로부터 오는 어떠한 법령이 없었다. 연합은 나라 전체적으로 각 도시, 읍 혹은 마을에서 일어나야 했다. 이미 1828년 스톤 회중과 캠벨 회중이 켄터키 주, 버번 지역에서 연합하려는 움직임이 있었다. 그 연합은 1831년 4월 켄터키 주, 밀러스버그에서, 그리고 그후에 바로 조지타운에서 일어났다. 그러나 1831년 12월 31일 그리고 1832년 1월 1일 켄터키 주 렉싱턴의 모임이 연합 운동에 실질적인 불을 붙였다.

연합의 형성

당시 조지타운에 거주한 바톤 스톤은 존 존슨(John T. Johnson, 1788-1856)과 진실한 친구가 되었다. 존슨은 전에 침례교 설교자였지만, 지금은 알렉산더 캠벨의 개혁적인 생각을 따랐다. 그들은 조지타운에 있는 두 회중을 설득시켜 연합하게 했다. 그리고 크리스마스 주말에는 조지타운에서, 새해 주말에는 렉싱턴에 있는 힐 스트리트(Hill Street) 교회에서 연합에 관한 토의를 위해 4일간 회의를 열기로 제안하였다.

2-3일 후에 두 그룹의 몇몇 지도자들이 대화를 나누었다. 그중에는 켄터키의 캠벨 운동에서 가장 잘 알려진 지도자 중 한 사람인 '너구리' 존 스미스(Raccoon John Smith, 1784-1868)도 끼어 있었다. 지도자 중 몇은 두 그룹 사이의 빠른 연합을 시도하는 것이 현명하다고 믿지 않았다. 그들은 두 그룹이 함께 더 자연스럽게 성장하도록 점진적인 과정을 선호하였다.

그러나 연합은 몇 사람이 조언했던 것보다 더 빠르게 일어났다. 스톤과 스미스는 토요일 오후 폐회의 마지막 강사였다. 스톤은 스미스가 먼저 이야기하게 했다. 스미스는, 하나님은 지구상에 오직 한 백성만을 가지고 있고, 또 하나님이 교인들에게 준 유일한 책인 성경이 그들로 하여금 한 가족이 되라고 권면하고 있다는 사실을 말했다. 스미스는 신성, 삼위일체, 그리고 대속의 문제를 언급하면서, 두 운동 사이의 중요한 차이를 공공연히 인정했다. 이런 문제들은 수 세기 동안 논쟁의 주제가 되어왔고, 이제까지 그랬던 것처럼 지금도 해결하기 어려운 문제라고 외쳤다.

이런 혹은 다른 어떤 문제들에 대해 교인들이 취하는 정확한 입장이 복음의 부분은 아니다. 이런 혹은 저런 입장을 취한 교인들에게 하늘이 약속된 것도 아니고, 그것을 부정하는 교인들에게 지옥의 위협이 있는 것도 아니었다.

단지 두 가지 일이 그들을 바로 연합하지 못하게 하였다. 두 그룹은 성경으로부터 연역하고 추론한 것을 교회의 일원이 되는 요건으로 만들지 말고, 이 문제에 대해 이야기할 때 단순히 성경의 말만을 사용해야 한다. 거기에는 서로 간에 더 많은 사랑이 있어야 한다.

그러고 나서 스미스는 스톤 캠벨 역사에서 가장 유명한 말을 하였다. "이제 형제들이여, 더 이상 캠벨주의자나 스톤주의자, 새 빛 혹은 옛 빛, 어떤 다른 종류의 빛도 되지 맙시다. 이제 우리는 성경으로만 갑시다. 우리에게 필요한 모든 빛을 줄 수 있는 피조물 가운데 유일한 책, 성경, 성경으로만 갑시다."

'너구리' 존 스미스의 묘(켄터키 주 렉싱턴)

짤막한 말 후에, 스톤은 스미스가 연합의 기초에 반대하지 않는다고 결론지었다. 그러고 나서 그는 돌아서서 현실이 되어가고 있는 연합을 상징하는 화합의 손을 내밀었다. 다음날 주일 두 회중은 함께 만나 한 몸이 되어 성찬을 가졌다. 이 성찬식은 연합을 봉인하는 듯했다.

스톤은 의기양양했다. 그는 〈크리스천 메신저〉에서 그 모임에 대해서 보고

하기를, 연합의 정신이 마른 그루터기의 불처럼 퍼져나갔다. 그리고 장로와 교인들이 존 스미스와 존 로저스(John T. Rogers, 1800-1867, 존 스미스는 전에 캠벨 운동에 속했고, 존 로저스는 스톤 운동에 속했다)에게 교회를 순회하면서 연합을 증대시키고 확고히 하기 위해 렉싱턴에서 일어난 일을 사람들에게 이야기하도록 위임하였다.

스미스와 로저스는 그 일을 하느라 3년을 보냈다. 캠벨은 그의 〈밀레니얼 하빈저〉(*Millennial Harbinger*) 3월호에서 그 모임에 대해 언급하고, 만약 현재 그룹들이 실제로 사변적인 것을 포기한다면, 그가 해야 할 일은 그들의 성공을 비는 것뿐이라고 결론지었다.

연합을 저해하는 장애들

연합으로 가는 길은 쉽지 않았다. 양측의 많은 사람들에게 연합은 그들이 귀하게 여기는 것들을 포기하는 것처럼 보였다. 예배 형태에 대한 과거의 긴장은 여전했다. 즉 스톤 교회는 상당히 감정적으로 표현적이었고, 캠벨 교회는 더 이성적이고 엄숙하였다. 어떤 사람들에게는 성령의 사역과 교회의 이름에 대한 의견이 계속 문제가 되었다. 스톤 운동과 우호적이었던 스미스-존스(Smith-Jones)와 오' 켈리 교회들은 그 연합에 충격을 받았다. 그들은 알렉산더 캠벨을 냉정하고 이성적으로 여겼고, 그는 진짜 종교를 거의 혹은 전혀 가지지 않았다고 생각했다. 그들은 스톤이 그들의 개혁에 대한 본래의 비전을 포기했다고 비난했다.

연합에 참여하지 않기로 선택한 많은 스톤 회중들도 같은 생각을 가졌다. 스톤 회중의 대부분은 스미스-존스와 오' 켈리 운동을 포함한, 느슨하게 연결된 모임인 '그리스도인교회들' (Christian Churches)의 일부로 남았다. 2장에서 언급했듯이, 그 교회들은 1931년 회중교회와 병합되어 '회중 그리스도인교회' (Congregational Christian Church)를 형성했다. 마지막으로 이 모임이 1957년 '복음 개혁교회'와 병합하여 오늘날의 '연합 그리스도의교회' (The United Church of Christ)를 형성하게 되었다.

1834년 스톤이 일리노이 주 잭슨빌로 갔을 때, 그 도시에 있는 두 회중이, 한 회중은 그의 운동으로부터, 또 한 회중은 캠벨 운동으로부터 여전히 분리되어 예배를 드리고 있는 것을 보았다. 그는 그 두 회중이 연합할 때까지 어느 회중과도 함께 예배하기를 거부하였다. 훨씬 더 놀랄 만한 사건은 연합하는 과정이 실제로 얼마나 어려운지를 직접 보여준다.

1832년 1월 1일 훌륭한 연합 성찬식이 있은 지 한 달 후, 두 그룹은 어떤 기자가 '허탕침' 이라고 말하는 것을 경험했다. 스톤 사람들은 성찬을 집행하기 위해 안수받은 목사(장로)가 있어야 한다고 주장하였다. 그런데 거기에는 장로가 없었고, 캠벨 사람들은 그런 요구는 웃기는 것이라 생각했기 때문에, 렉싱턴에서 당분간 연합할 수 없다고 결정하였다. 두 그룹이 실제로 하나가 되는 데는 3년이 더 걸릴 것이다.

이 연합 운동에 대해 적절한 이름을 붙이는 것은 역사가들의 몫이다. 우리가 위에서 보았듯이, 어떤 사람들은 그 운동의 개인들과 연합된 교회 전체를 가리키기 위해서, '제자들' 혹은 '그리스도의 제자들' (Disciples of Christ)이란 이름을 사용하였다. 다른 사람들은 그 운동 혹은 특별한 회중을 가리키기 위해서 '그리스도인 교회들' (Christian Churches), '그리스도의교회들' (Churches of Christ)을 선호했다. 현재 '그리스도인교회' ('그리스도의제자들') 혹은 '그리스도의교회들' 과 혼동을 피하기 위해, 우리는 1832-1906년까지 연합된 교회를 가리키기 위해 스톤-캠벨 운동이라는 용어를 사용할 것이다.

실제적 연합

관련된 모든 문제를 가지고서도 스톤-캠벨 연합 운동의 이야기는 현상적인 것이다. 어떻게 오늘날의 '그리스도의교회' 들과 하나님의 성회들과 같은 서로 다른 두 그룹이 연합하는 것을 고려할 수 있었을까? 그것이 일어난 이유는 관련된 사람들이 연합이 하나님의 뜻이란 것을 믿었고, 또 그리스도교에서 가장 중요한 것-한 몸, 한 성령, 한 주, 한 세례, 모두의 한 신이며 아버지-을 나누었기 때문이다. 그 무엇보다도 그들은 하나님의 자녀로서 서로를 사랑했다. 그들의 모든 불완전성을 가지고 하나님의 동일한 자녀로서 서로를 사랑했다.

그리스도인 연합은 항상 회중들 혹은 운동들의 물리적 합병을 이야기하는 것은 아니다. 그러나 그리스도인들은 연합의 중요성을 확신하고, 모든 사람들이 성서에 나타난 하나님의 뜻을 알고 행하는데 헌신된 그 지식에서 서로의 특이성을 기꺼이 감수할 때, 바로 그 때 이 장에서 나타난 종류의 연합이 존재하는, 가장 완전한 것이 될 것이다.

토의 문제

1. 스톤과 캠벨의 개인성은 얼마나 연합을 돕거나 지장을 주었는가?

2. 지역 회중들이 대부분의 교리적 문제에 대해 내부적으로 동의하는 것이 얼마나 중요했는가?

3. 한 회중의 지도자들과 다른 멤버들 사이의 기본적인 교리의 일치가 그 회중의 멤버가 되는 요건이 되어야 하는가?

4. 스톤과 캠벨 운동 사이의 가장 심각한 교리적 차이는 무엇이었다고 생각하는가? 왜 그것이 가장 심각하다고 믿고 있는가?

5. 4번 질문에서 선택한 교리적 차이가 당신 자신의 견해와 다른 견해를 가지고 있는 그룹과 연합하는 것에 방해가 되는가?

6. 오늘날 지역 회중이 1830년대와 그후에 일어나는 연합을 경험할 수 있을까? 그렇다면 어떻게? 그렇지 않다면 그 이유는 무엇인가?

7. '그리스도의교회들' 이 전체로서 행동할 수 있는 길에는 어떤 길이 있는가?

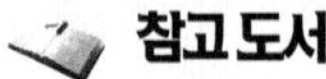

참고도서

Garrett, Leroy. *The Stone-Campbell Movement*. Joplin, Missouri: The Story of the American Restoration Movement. Joplin, Missouri: College Press, 1994. See pages 174-196.

McAllister, Lester G. and William E. Tucker. *Journey in Faith: A History of the Christian Church(Disciples of Christ)*. St Louis: The Bethany Press, 1975. See pages 146-155.

Murch, James DeForest. *Christians Only: A History of the Restoration Movement*. Cincinnati: Standard Publishing, 1962. See pages 109-121.

North, James B. Union in Truth: *An Interpretive History of the Restoration Movement*. Cincinnati: Standard Publishing, 1994. See pages 155-185.

Williams, John Augustus. *Life of Elder John Smith: With Some Account of the Rise and Progress of the Current Reformation*. Cincinnati: R. W. Carroll, 1871. See chapter pages 367-378.

2부

연합 교회의 발전 1832-1861

Renewing God's People

6장

스톤-캠벨 운동의 성장

1832년 스톤-캠벨 운동이 연합하기 시작할 때, 교인 수는 켄터키 주와 오하이오 주에서 약 2만 5천 명에 달했다. 1861년 연합운동은 29개 주와 2개 준주[1]에서 2십만 명에 달했다. 이 기간에 '그리스도 의제자들' 은 전국적인 교회로 미국에서 네 번째로 큰 종교그룹이 되었다.

왈터 스캇과 새로운 전도

이러한 현상적인 성장은 왈터 스캇(Walter Scott, 1796-1861)의 영향

1) 준주(準州)는 미국, 캐나다, 호주에서 아직 주(州)의 자격을 얻지 못한 지역을 말한다.

왈터 스캇

의 결과였다. 스캇은 스코틀랜드에서 태어나 스코틀랜드 교회에서 성장하고, 에든버러 대학에서 교육을 받았다. 1818년 미국에 건너가 피츠버그 근방에 정착했다. 그리고 여기 있는 학교에서 가르치고 스코틀랜드 침례교에서 예배를 드렸다.

1821년 스캇은 알렉산더 캠벨을 만났고, 곧 친구가 되었다. 그는 캠벨의 〈크리스천 뱁티스트〉(*Christian Baptist*, 스캇은 이 잡지의 이름을 제안한 사람이었다)의 초판에서 전도에 대한 기사를 기고했다. 캠벨은 스캇을 아주 높이 평가하여 그를 마호닝 침례교 연합 순회전도자로 추천했다.

1827년 마호닝 연합은 스캇을 전도자로 임명했다. 1년 전 그 연합에 속한 17개 교회는 총 34명에게 세례를 주었다. 그는 전도자 사역 첫해에 거의 천 명에게 세례를 주었고, 대부분의 교회들을 두 배로 성장시켰다. 스캇은 그의 생애 다음 30년 동안 매년 평균 천 명에게 세례를 주었다.

스캇을 그렇게 성공하게 한 비결은 새로운 전도 방법이었다. 캠벨 운동의 교회들이 수년 동안 존재하고 모두가 신자의 침례를 실시했지만, 그들은 '내가 구원을 받기 위해서 무엇을 할 수 있는가?'에 대한 대답을 찾지 못했다. 성서 연구에서 스캇은, 그가 '원시 복음' 혹은 (그가 나중에 출판한 책 제목 중 하나의 말 가운데 있는) 환원된 복음(The Gospel Restored)이라고 부르는 것에서 답을 찾았다.

스캇은 그 복음을 독창적으로 6개 사항으로 요약했다. 인간은 구원받기 위해서 3가지 일, 즉 믿음, 회개, 세례를 수행해야만 한다. 하나님은 이 세 가지를 수행한 사람들에게 3가지 약속, 즉 죄의 용서, 성령의 은사, 영생을 약속하셨다. 결국 스캇은 6가지 사항을 쉽게 기억되는 '다섯 손가락 연습'(five finger exercise)—믿음, 회개, 세례, 죄의 용서, 성령의 은사—으로 정리했다.

그러한 방식은 율법적이 될 수 있었다. 스캇으로 하여금 그 방법이 율법적으로 사용되지 못하게 한 것은 '예수가 그리스도'라는 기독교의 중심 가르침에 대한 끊임없는 강조였다. 스캇은 이것을 '금언'(golden oracle)이라고 불렀다. 그리고 나중에 《현 종교개혁에서 호소된 기독교 원칙들에 대해 그리스도인들의 연합을 위해 쓰여진 메시아직 혹은 위대한 제시》(*The Messiahship or Great Demonstra tion, Written for the Union of Christians, on Christian Principles, as Plead for in the Current Reformation*)라는 제목의 대중적인 책을 썼다. 이런 긴 제목은 환원운동에 대한 스캇의 견해가 직접적으로 스톤과 캠벨의 견해와 연결되어 있다는 것을 보여준다. 환원운동은 모든 그리스도인들을 연합할 목적으로 그리스도에 집중되어 있다.

왜 스캇의 '다섯 손가락 연습'의 접근이 성공적이었는가? 그 이유는 개척지의 많은 사람들이 엄격한 칼빈주의 영향 아래에 있었기 때문이다. 칼빈주의는, 구원은 오로지 하나님의 예정 사역에 달려 있으므로 사람은 구원받기 위해 아무것도 할 수 없다고 말한다. 많은 사람들이 칼빈적인 부흥회에 갔고, 회개자 석[2] 혹은 구도자 석[3]

2) 부흥 집회 등에서 회개하여 구원을 바라는 사람들을 위해 마련한 제일 앞 좌석.

에 앉았다. 그리고 하나님이 그들에게 선택의 사인을 보내줄 때까지 줄곧 기도하려고 했다. 많은 사람들은 결코 그러한 사인을 받지 못했고, 그들은 멸망으로 예정되어 있다고 느꼈다.

대조적으로, 스캇은 독립적인 개척지 사람들에게 구원받기 위해서 그들이 할 수 있는 것이 있다고 말했다. 구원은 믿고, 회개하고, 세례받은 모든 사람들을 위한 것이다. 많은 사람들은 이 메시지를 큰 안도와 기쁨으로 받고, 서둘러 나아가 그들의 믿음을 고백하고 세례를 받았다.

비록 스캇은 1832년 스톤 운동과 연합하기 전 환원된 복음을 설교하기 시작했지만, 연합 운동에 속한 전도자들은 그의 방법을 모방하여, 이것이 19세기 '제자들'의 성장에 크게 기여했다. 이것이 많은 사람들이 스캇을 바톤 스톤, 토머스 캠벨, 그리고 알렉산더 캠벨과 함께 이 운동의 4명의 설립자 중 한 사람으로 간주하는 이유이다.

학교와 대학들

베다니 대학

토머스 캠벨과 알렉산더 캠벨을 포함한 초기 지도자들 가운데 많은 사람들은 자신을 누구보다 선생으로 보았다. 그

3) 전도, 설교 등에서 영적 구원을 바라는 사람들을 위해 설교단 가까이에 마련한 좌석.

래서 19세기 미국에서 다른 주요 종교 그룹들과 함께 스톤-캠벨 운동이 대학과 학교에서 시작했던 것은 놀라운 일이 아니다. 당시의 많은 다른 종교학교와 달리 목회자를 훈련하는 것이 '제자들' 대학의 일차 목표가 아니었다. 대신 그들은 17세기 영국과 스코틀랜드에서 유행한 경험적인 방법을 사용하는 문학과 과학의 넓은 훈련에 집중했다.

이 운동의 첫 대학은 1836년 켄터키 주 조지타운에 일차적으로 공업학교로 설립된 베이컨 대학이었다. 왈터 스캇이 잠깐 동안 초대 총장으로 봉사했다. 프랜시스 베이컨(Francis Bacon, 1561-1626) 경의 이름을 딴 이 학교는 과학, 심지어 도덕 교육에서도 그의 경험적인 방법을 강조했다. 1839년 베이컨 대학은 켄터키 주 해러스버그(Harrodsburg)로 이사하고, 1858년 켄터키 대학으로 허가받은 후에 다른 학교들과 합병되어 렉싱턴의 트란실바니아 대학이 되었다.

1841년 알렉산더 캠벨은 서부 버지니아 베다니에 있는 그의 집 가까이에 베다니 대학을 설립했다. 베다니 역시 과학 과목 교과과정의 반 이상에 경험적 방법을 대거 수용했다. 베다니의 헌장은 신학 교수직을 금지했다. 캠벨은 베다니가 성령 위에 세워진 유일한 대학이라는 것을 자랑했는데, 여기에서 학생들은 매일 한 시간씩 성경 강의를 들었다. 이것은 이 운동이 일부 사람들이 경멸적으로 '사변 신학' 이라고 부르는 것에 반대하며, 객관적이고 경험적인 성경공부를 주장한다는 사실을 반영한다. 베다니 대학은 지금도 여전히 그 자리에 있고, '그리스도의제자들' 과 연결되어 있다.

테네시 주 내슈빌 가까이에 있는 프랭클린 대학은 1845년에 시작되었다. 이 학교의 설립자 톨버트 패닝(Tolbert Fanning, 1810-1874)

은 대학 기부금을 좋게 생각하지 않았다. 이것이 이 대학이 단명한 이유 중 하나이다. 1861년 남북전쟁으로 폐교되었다가 1865년 잠깐 다시 개교했으나, 캠퍼스 화재로 곧 영구히 폐교되었다.

한동안 스톤-캠벨 운동에는 주요 대학이 3개 있었다. 하지만 이 운동이 퍼지는 곳에는 어디든지 수많은 학교와 대학들이 생겨났다. 1840-1866년 동안 '제자들'은 32개의 대학을 시작했다. 이들 대학 가운데 테네시 주 스펜서 소재 버릿 대학(Burritt College, 1848), 오하이오 주 하이램 소재 하이램 대학(Hiram College, 1850), 인디애나 주 인디애나폴리스 소재 버틀러 대학교(Butler University, 1854), 미주리 주 캔턴 소재 컬버 스톡턴 대학(Culver-Stockton College, 1853), 그리고 일리노이 주 유레카 소재 유레카 대학(Eureka College, 1855)이 있다.

일반적으로 목회 훈련을 하기 위한 것은 아니지만 대학들은 그러한 기능을 수행했다. 19세기 교회의 유력한 지도자들 가운데 많은 사람들이 이들 대학, 특별히 베다니 대학의 졸업생이었다. 회중 중심으로 조직된 운동에서 대학들은 교회들 간에 교제의 수단이 되고 사고를 하나로 만드는 데 기여했다.

신문, 출판, 그리고 토론

종교신문 역시 스톤-캠벨 운동에 일치(와 가끔 불일치)를 제공하고 사상과 문제를 토론하는 포럼으로 기능했다. '제자들' 은 감독 대신 가끔 철봉을 휘두르는 편집자를 두었다.

알렉산더 캠벨의 영향은 일차적으로 그의 월간지, 처음엔 〈크리스천 뱁티스트〉(*Christian Baptist*, 1823-1830), 나중엔 〈밀레니얼 하빈저〉(*Millennial Harbinger*, 1830-1866)를 통해 성장했다. 캠벨의 변화된 상황을 반영하는 두 잡지 사이엔 논조에 현저한 차이가 있다. 그는 〈크리스천 뱁티스트〉를 그 시대의 종교적 우매함을 풍자하는 비난으로 채웠다. 〈밀레니얼 하빈저〉는 그리스도인들 사이에 일어난 큰 운동의 지도자로서 캠벨의 위치에 맞게 더 긍정적인 논조를 보였다.

다른 지도자들도 잡지를 통해 그들의 영향력을 크게 확대했다. 바톤 스톤은 1826-1844년 동안 〈크리스천 메신저〉(*Christian Messenger*)를 편집했다. 왈터 스캇은 적절하게 붙여진 이름을 가진 〈이밴절리스트〉(*Evangelist*, 1832-1844)라는 잡지를 펴냈다. 1855년 톨버트 패닝(1810-1874)은 영향력 있는 〈가스펠 애드보케이트〉(*Gospel Advocate*)를 발간했다. 1858년부터 벤저민 프랭클린(*Benjamin Franklin*, 1812-1878)에 의해 편집된 〈아메리칸 크리스천 리뷰〉(*American Christian Review*)는 결국 그 운동에서 가장 널리 읽혀진 신문이 되었다.

추가적으로, 제한적으로 보급되고 수명이 짧은 수십 개의 신문(〈*Heretic Detector*〉라는 신문을 포함하여)이 있었다. 이 신문들은 정말 이단을 찾고, 문제를 토론하고, 연합을 도모하고, 프로그램을 제시했다. 다른 어느 요소보다도 이들 잡지는 스톤-캠벨 운동을 하나로 유지하는 망을 형성했다.

정기 간행물 외에 다른 출판물, 특히 알렉산더 캠벨의 출판 저서는 우리의 생각을 형성하게 도왔다. 캠벨은 1826년 신약(보통 《*Living Oracles*》로 알려진)의 첫 현대 번역판을 출판했다. 이 번역판은 심지어 '제자들' 사이에도 결코 유행하지 못했다. 이 운동에서 가장 이른 시기의 조직신학 저작인 캠벨의 《기독교 체계》(*Christian System*,

1836)는 더 영향력(비록 그가 그 용어에 반감을 가질 것이지만)이 있었다.

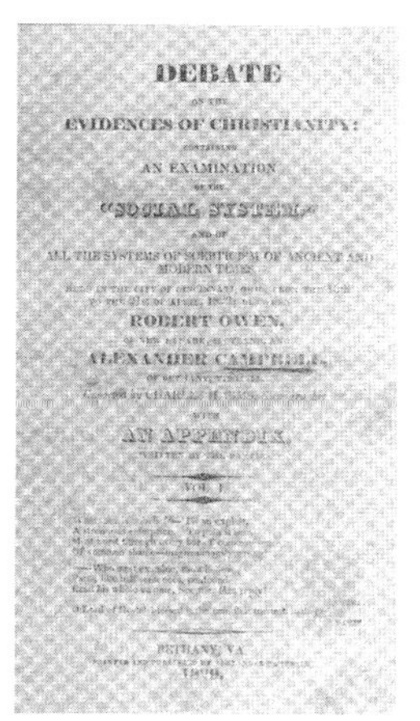

DEBATE

EVIDENCES OF CHRISTIANITY;

AN EXAMINATION

"SOCIAL SYSTEM,"

ROBERT OWEN,

ALEXANDER CAMPBELL,

AN APPENDIX,

BETHANY, VA

캠벨과 오웬의 논쟁

19세기에 종교적 논쟁은 사상을 퍼트리는 일상적인 방법이었다. 캠벨과 그의 적대자들은 항상 신사적으로 논쟁하여 큰 군중을 끌어모았다. 논쟁은 출판물을 통해 넓은 층의 청중에게 전달되었다. 웨일스 출신의 비관적인 사회 개혁자 로버트 오웬(Robert Owen, 1771-1858)과의 논쟁은 캠벨을 유명인사로 만들었다. 1829년 신시내티에서 열린 논쟁에서 캠벨은 하나님의 존재에 대한 전통적 논지를 당당하게 발표하여, 유럽 자유사상의 파괴적 힘에 맞서 기독교 신앙을 수호하는 자로 명성을 날리게 되었다.

1837년 역시 신시내티에서 캠벨은 천주교의 존 퍼셀(John B. Purcell) 감독과 논쟁하였다. 그 논쟁은 주로 공교육에 대한 문제들을 다루었다. 캠벨은 퍼셀의 교구학교의 증진에 맞서 공교육의 기독교적 성격을 옹호했다. 그래서 이 논쟁에서 캠벨은 '제자들' 이 아니라, 기독교 전체의 대변자였다.

캠벨이 한 논쟁 중에서 가장 긴 논쟁은 1843년 켄터키 주 렉싱턴에서 장로교 목사 라이스(N.L. Rice)와의 논쟁이었다. 이 논쟁은 스톤-캠벨 운동의 목적에 더 명확히 한정된, 신자의 침례와 유아 세례와 같은 문제를 다루었다.

물론 알렉산더 캠벨이 논쟁하고 신문과 책을 출간한 유일한 지도자는 아니었다. 그러나 그의 출간은 그의 영향력을 크게 증가시켰다. 월간 잡지, 임시 팸플릿, 성경 번역, 찬송가, 출간된 논쟁과 다른 책들을 통해 캠벨은 기본 원칙을 선언하고, 한계를 정하고, 특별히 이 운동에 관련된 문제들을 다루었다. 무엇보다도 그로 하여금 교회, 즉 '제자들' 혹은 '그리스도인들'에게 형태와 방향을 줄 수 있게 한 것은 출판사였다. 그 이유는 교회가 어떤 중앙 조직을 가지지 않고, 회중 중심으로 조직되었기 때문이었다.

선교를 위한 조직화

회중을 중심으로 한 조직은 어느 한 교회도 선교사를 지원할 수 없었기 때문에 국제적인 선교 사역을 하는 데 어려움을 주었다. 〈크리스천 뱁티스트〉의 초기에, 알렉산더 캠벨은 초대교회는 단지 지역 차원에서 움직였다고 주장하면서 선교회에 반대하는 글을 썼다.

그러나 1840년대 캠벨은 마음을 바꾸었다. 그는 지금 (교회 밖) 더 큰 문화에 영향을 주는 큰 운동을 지도하고 있었고, 교회들 사이에 협력 기구 없이는 사역하는 데 완전한 잠재력을 발휘하지 못할 것이라고 느꼈다. 1845-1848년까지 그는 〈밀레니얼 하빈저〉에서 교회 협력에 대한 일련의 기사를 썼다. 결국 그는 선교를 장려하기 위해 교회 차원의 조직을 만들 것을 호소했다.

이미 1829년 지역의 교회 지도자들이 만나 정보와 격려를 서로 나누었다. 1844년에 이르러 정규 주 모임이 켄터키, 오하이오, 인디애나 그리고 테네시 주에서 열렸다. '제자들' 가운데 교회 차원의 지원 요청에 응하여 형성된 조직들은 1845년에 시작된 미국 기독교

성서공회(American Christian Bible Society), 1846년에 시작된 주일학교와 기독교서회(Sunday School and Tract Society)였다. 데이비드 버넷(David S. Burnet, 1808-1867)은 두 조직을 이끌었고, 선교회(Missionary Society)의 시작을 주도했다.

캠벨은 1849년 11월 신시내티에서 '제자들' 의 일반 총회를 소집했다. 그의 바람은 각 교회가 총회에 대표자를 보내는 것이었다. 그러나 많은 교회들이 참석하지 않았고 몇 사람만 개인적으로 그냥 왔다. 그래서 총회는 대표 기구라기보다는 약 100여 개의 교회로부터 온 151명의 파송된 자들이 모인 대중 집회였다. 이 모임으로부터 미국 그리스도 선교회(American Christian Missionary Society)가 설립되었으며, 알렉산더 캠벨이 초대 회장으로 뽑혔다. 캠벨 자신은 병 때문에 참석하지 못했지만 말이다.

우리가 9장에서 보겠지만, 선교회의 존립은 결국 '제자들' 사이에 분열의 쟁점이 되었고, 이것은 '그리스도의제자들' 과 '그리스도의교회들' 사이에 일어난 분열의 원인이 되었다. 여기서 우리의 관심을 끄는 것은 첫 '제자들' 선교사들을 미국에서 다른 나라로 파송하는 선교회의 역할이다.

예루살렘은 사도행전에서 베드로가 처음 복음을 설교했던 곳이었다. 때문에 그 선교회가 지원한 첫 선교사는 거기에서 환원된 복음을 전하는 것이 적절하게 보였다. 그들은 이 일을 위해 잘 훈련된 의사 제임스 바클리(James T. Barclay, 1807-1874)를 선택했다. 바클리와 그의 가족은 예루살렘에서 1850-1854년 그리고 1858-1861년 두 번의 전도여행을 가졌다. 그들은 거기에서 사용되는 언어에 대해 아무것도 모르고, 문화에 대해서도 거의 모른 채 갔다. 그들은 한두 명의 개종자를 만들었지만 항구적인 교회를 남기지는 못했다.

바클리는 선교회에서 노예 소유자라고 많은 사람들로부터 비판을 받았다. '제자들' 가운데 노예제도에 대한 일반적인 반대는 선교회로 하여금 켄터키 주 태생의 알렉산더 크로스(Alexander Cross)의 자유를 사게 하여, 그를 라이베리아(Liberia) 자유 노예들의 선교사로 파송했다. 크로스는 1854년 라이베리아로 떠났지만 도착한 지 두 달도 못 되어 죽었다. 얼마간이라도 성공을 한 초기 선교는 3대 선교회 선교사, 비어슬리(J.O. Beardslee, 1814-1879)였다. 그는 자메이카에서 1858-1866년 동안 사역했다. 그러나 허위 진술이 그의 사역에 먹구름을 드리우게 했다.

이들이 남북전쟁 전에 선교회가 파견한 선교사들이었기 때문에 그것의 노력을 실패라고 부르고 싶은 유혹을 받는다. 그러나 이 선교회에 가장 의미 있는 것은 그것이 선교에서 이루어 낸 것이 아니라 '제자들' 의 발전하는 정체성에 대해 말한 것이다. 1832년 두 개의 작은 모임으로부터 교회는 전도, 교육, 그리고 출판을 통해 성장하여 국제사역을 위해 조직할 수 있는 어마어마한 종교 기구가 되었다.

토의 문제

1. 왈터 스캇이 '그리스도의교회들'에 가장 크게 기여한 것은 무엇인가?

2. 스캇이 복음을 요약하기 위해 사용한 여섯 가지 사항은 무엇인가? 이것은 공정한 요약인가? 그가 빠뜨렸던 것은 무엇이며, 혹은 빠뜨려야 했던 것은 무엇인가?

3. 스톤-캠벨 운동의 회원들에 의해 설립된 초기 대학들 몇 개를 들어보라. 이 대학들은 어떠했는가? 그들은 어떻게 교회들에 영향을 주었는가?

4. 초기 운동의 종교신문 몇 개를 말해 보라. 이들은 어떻게 교회들에 영향을 주었는가?

5. 이 운동의 첫 국제적 선교사 3명은 누구였는가? 그들은 어디로 보내졌는가? 그들은 어떻게 지원을 받았는가? 이것은 1800년대 후반의 운동에 대해 무엇을 말하는가?

참고도서

Garrett, Leroy. *The Stone-Campbell Movement*. Joplin, Missouri: College Press, 1994. See Pages 143-172.

McAllister, Lester G. and Tucker, William E. *Journey in Faith.* Saint Louis: Chalice Press,

1975. See Pages 129-188.

Toulouse, Mark G., ed. *Walter Scott: A Nineteenth Century Evangelical*. Saint Louis: Chalice Press, 1999.

Webb, Henry E. *In Search of Christian Unity: A History of the Restoration Movement*, revised edition. Abilene, TX: ACU Press, 2003. See Pages 127-192.

West, Earl Irvin. *The Search for the Ancient Order*, Vol 1. Nashville: Gospel Advocate, 1986. See pages 76-126.

7장

신학의 발전

'신학' 이란 단어는 환원운동의 초기 지도자들에게는 듣기 거북한 용어였다. 바톤 스톤, 알렉산더 캠벨과 그 외 다른 모든 초기 환원 지도자들은 그 용어의 사용을 꺼려 했다. 그들에게 '신학' 은 분열시키는 사변(思辨)과 같은 냄새가 났다. 특히 당시의 자세한 신조에 표현된 신학이 그리스도인들을 분열시켰다. 그들은 그리스도가 그들을 연합해 주기를 원했다. 이 '신학' 이라는 용어에 대한 초기의 반대가 '그리스도의교회들' 에 지속되고 있다. 그래서 우리 대학 가운데 몇 대학은 여전히 '조직신학' 이 아닌 '기독교 교리' 의 교과과정을 가지고 있다.

그러나 만약 우리가 신학을 '기독교 신앙에 대한 사려 깊은 반성' 으로 정의한다면, 분명한 것은 모든 그리스도인들이 신학을 가지고 있다는 것이다. 캠벨과 다른 사람들은, 구원하는 것은 그리스도에 대한 믿음이지 신학이 아니라고 바르게 지적하였다. 그러나 이 초기 지도자들은 사려 깊은 신앙을 가지고 있었고, 그들의 시간과 경험의 영향으로 기독교에 특별한 접근을 했다. 우리도 그렇고 모든 그리스도인들도 그렇다. 그래서 우리 모두가 신학을 가지고 있다. 문제는, 그것이 사려 깊게 생각된 신학인가, 아니면 다른 사람이 신앙에 대해 말한 것을 우리가 생각 없이 받아들일 것인가이다. 초기 환원 지도자들이 반대했던 것은 전통을 생각 없이 받아들이는 것이었다.

지면상 여기서 초기 환원운동 지도자의 모든 신학을 자세히 논의할 수는 없다. 대신 '그리스도의교회들'에 여전히 영향을 미치고 있는 알렉산더 캠벨의 3가지 면에 주목할 것이다. 즉 환원과 일치에 대한 견해, 성경을 이해하는 접근, 그리고 세례와 그리스도인이 되는 것이 무엇을 의미하는가에 대한 견해이다.

일치와 환원

환원운동 초기 신학의 핵심은 교회가 수세기를 통해 잃어버렸던 중요한 요소들, 특히 교회의 일치를 회복시키고자 하는 것이었다. 우리가 4장에서 보았듯이, 1809년 토머스 캠벨이 〈선언과 제언〉을 썼을 때, 그의 일차적인 주제는 교회의 일치였다.

> "1항. 지상에 있는 교회는 본질적으로, 의도적으로 그리고 법적으로 하나이다."

토머스 캠벨은 교회가 그리스도인들을 분열시킨 교리들을 뒤에 두고, 신약에 '분명하게 나타난' 가르침들을 실천한다면 교회가 일치를 이룰 수 있다고 믿었다. 〈선언과 제언〉에는 '분명하게 나타난', '명확한', '분명한', '단순한', '원형' 과 같은 단어들이 60번 이상 나타난다. 토머스 캠벨에게는 신앙의 본질과 교회의 형태가 모든 사람에게 명확해야 했다.

그러나 그는 결코 교회의 명확한 형태가 무엇이고, 또 무엇이어야 하는가를 분명하게 설명하지 않았다. 그의 아들 알렉산더 캠벨은 아버지처럼 그렇게 침묵하지 않았다. 1825년부터 1829년까지 발행된 〈크리스천 뱁티스트〉에 실린 "고대 질서의 환원"(A Restoration of the Ancient Order of Things)에 대한 일련의 30개 논문에서 그가 봤던 대로 교회의 원형을 보여주려고 했다.

캠벨이 쓴 논문의 대부분의 내용은 '그리스도의교회들' 에 속한 우리에게 놀라운 것은 없다. 5개의 논문은 환원의 일반 원칙에 대해 다루고 있다. 2개의 논문은 신조의 위험을 열거하고, 9개의 논문은 예배에 관한 것이고, 4개의 논문은 매주 성찬을 찬성하는 논의였다. 5개의 논문은 교회의 직분, 즉 감독, 집사, 그리고 다른 직분에 대한 것이었다.

캠벨을 감정 없는 이성주의자로 특징짓는 사람들을 놀라게 한 것은 "고대 질서의 정신과 마음의 절제"(Spirit and Temper of Mind of the Ancient Order)와 "하나님의 뜻에 헌신"(Devotion to God's Will)에 대한 2개의 논문이다. 이 두 논문에서 캠벨은 자신의 종교적 경험을 설명하고 있다.

당시 교인들을 놀라게 했던 것은 "교회의 훈련"(Church Discipline)

에 대한 7개의 논문이었다. 캠벨에게 고대 질서를 회복하는 목표는 율법적으로 바르게 되는 것이 아니라, 교회를 교회가 의도하는 훈련과 그리스도께 헌신하는 학교로 만드는 것이었다.

왜 캠벨 부자가 다른 교리들을 소홀히 하면서 교회에 대해 그렇게 많이 말했는가? 하나님, 그리스도, 성령, 구원, 그리고 종말에 대한 교리들은 교회보다 덜 중요하다고 생각했는가? 아니다. 캠벨 부자 두 사람은 넓은 신학적, 고전적 교육을 받았으므로 교회의 교리를 더 넓은 신학적 콘텍스트에 넣을 수 있었다. 그렇다면 왜 교회에 초점을 맞추는 대신 그런 기본적인 교리에 대해 더 많이 가르치지 않았는가?

캠벨 부자는 당시 개신교 가르침의 대부분이 옳다고 믿었기 때문에 그런 기본적인 교리를 대부분 당연하게 여길 수 있었다. 교회에 불필요한 첨가물을 제거하고 싶었고, 세월이 지나면서 잃어버린 면들을 회복하고 싶었다. 그들의 목적은 '기독교와 현재의 교회를 신약의 기준에 도달하게 하는 것' 이며, 그렇게 함으로써 당시 기독교의 많은 것이 건전하고 본래적인 것이 된다고 생각했다. 그들은 일반적으로 하나님, 그리스도, 심지어 구원에 대한 견해에 있어서도 개신교인들과 일치했다(죄를 용서받기 위한 신자의 침례를 제외하고는). 그들이 느끼기에 개신교가 부족했던 분야는 교회에 대한 교리의 어떤 면들이었다. 바로 그것이 환원을 필요로 하는 부분이다.

알렉산더 캠벨이 사도신경을 다루는 방법이 명확하게 그의 접근을 보여준다. 그는 지속적으로 신조를 친교의 기준으로는 반대하지만, "우리는 결코 신조 그 자체에 대해서는 반대하지 않았다. 우리는 신조—사도신경—를 가지고 있다"라고 말했다. 그리고 그는 사도신경을 언급하면서 죄의 용서를 받기 위한 세례, 주일 성찬, 그리고 신앙의 다른 사실들 혹은 조항들을 첨가했다.

캠벨은 사도신경의 기본 조항들이 중요하다고 생각했지만, 그 기본 조항들을 강조하지 않았다. 왜냐하면 그 시대의 교회들이 벌써 그것을 다 믿고 있었기 때문이다. 대신 그는 교회가 아직 부족한 영역에 초점을 맞추었다. 옛날 집을 복원하려고 할 때는 그 집이 견고하다면 기초는 그냥 둘 수 있다. 그것은 기초를 덜 중요하게 여기는 것이 아니라, 기초에는 긴급한 주의가 거의 필요없기 때문이다.

이것이 '그리스도의교회들'의 신학이 얇지 않고, 울퉁불퉁하고 드문드문한 이유를 설명해 준다. 우리는 더 중요하진 않지만 똑같이 중요한 다른 교리들을 희생하고, 몇몇 교리들을 지나치게 강조했다. 교회의 교리는 우리 신학의 강한 부분이었고, 실제로 20세기 중반 수십 년간 '그리스도의교회들'에서는 다른 모든 교리들의 빛을 잃게 할 만큼 강한 영역이었다.

환원에 대한 초기의 이런 견해는 다른 것을 내포한다. 그것은, 환원은 진행되는 과정이라는 것이다. 교회는 그리스도가 재림하실 때까지 환원할 것이며, 계속 환원할 것이다. 우리가 나중에 보겠지만, '그리스도의교회들'의 일부 교인들은 우리가 교회를 완전하게 환원했고, 단지 그것을 지키고 유지할 필요만 있다고 느꼈다. 그러나 이것은 원래의 환원운동이 원하는 것이 아니었다.

환원의 초기 생각은 환원 그 자체에 목적이 있는 것이 아니었다. 환원은 일치를 위한 것이었다. 후에 몇몇 사람들은 환원과 일치 가운데 하나를 선택해야만 한다고 생각했다. 우리의 초기 지도자들은 이 두 개(환원과 일치)가 같이 가야 한다고 생각했다.

성경의 해석

알렉산더 캠벨은 그의 책 《기독교 체계》(*The Christian System*)에서 성경 해석에 대한 방법을 말하고 있다. 그의 해석 규칙은 상식과 그 시대 최고의 성경 해석학을 반영하고 있다. 성경에 대한 그의 해석학적 접근은 계몽주의 정신에 뿌리를 두고 있다. 계몽주의 정신은 성경을 다른 책을 읽는 것과 같이 과학적으로, 즉 문법적 그리고 역사적으로 읽음으로써 분파적인 다툼으로부터 성경을 해방시키고자 하였다. 그러므로 그는 추종자들에게 성경에 대한 강한 역사적 접근 방법을 전해 주었다.

그러나 그는 철저한 계몽주의적 합리주의자는 아니다. 그가 정말 가장 중요하게 여긴 규칙은 "우리는 이해 가능한 범위 안에 들어와야 한다"는 것이었다. 사람들은 이성의 모든 법칙을 따르지만, 여전히 성경 안에서 하나님의 목소리를 듣지 못할 수 있다. 도덕적 세계에 빠져야만 성경이 열린다. 즉 "오로지 하나님의 뜻을 알려고 하는 열렬한 소망을 가져야만 한다."

캠벨은 감정을 우리의 가장 깊은 도덕적 의도의 자리로 보고 그것을 이성 위에 두었다. 우리는 성경을 마음 이상의 것으로 읽어야 한다. 정말 캠벨은 가끔 그가 감정을 마음과 동일시하는 것처럼 이야기한다. 그러나 그의 작품을 면밀히 읽어보면, 마음으로 이해하는 것보다 감정으로 복종하는 것에 우위를 둠으로써 그 시대의 엄격한 이성주의를 넘고 있다. 그는 하나님의 말씀을 실천하는 경건한 학자들이 필요하다고 생각했다.

캠벨의 해석학(성경 해석의 방법)은 역시 그리스도 중심적이다. 그는 사람들이 가장 현대적인 성경 해석의 방법을 사용해야 하지만 항상 그리스도와 진정한 관계에 초점을 맞추어야 한다고 가르쳤다. 이것이 그의 해석학이 고정되고 율법적으로 되는 것을 막아주고 있다. 이후에 '그리스도의교회들'은 성경이 인정한 실천들에 주목하면서 더 편협한 해석을 발전시켰다. 초기 환원 지도자들은 확실히 성경을 바르게 다루고, 바른 가르침에 도달하는 것이 중요하다고 생각한 반면, 그들은 모두 어떤 특별한 해석적인 전략보다는 성경이 그리고 있는 그리스도의 상을 강조했다.

세례와 분파주의

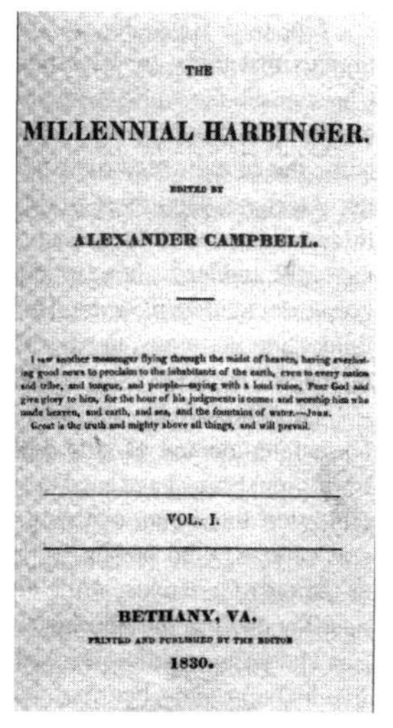
THE

MILLENNIAL HARBINGER.

EDITED BY

ALEXANDER CAMPBELL.

I saw another messenger flying through the midst of heaven, having everlasting good news to proclaim to the inhabitants of the earth, even to every nation and tribe, and tongue, and people—saying with a loud voice, Fear God and give glory to him, for the hour of his judgments is come: and worship him who made heaven, and earth, and sea, and the fountains of water.—John.

Great is the truth and mighty above all things, and will prevail.

VOL. I.

BETHANY, VA.

PRINTED AND PUBLISHED BY THE EDITOR

1830.

밀레니얼 하빈저

초기 지도자들은 다른 가르침보다 더 죄 사함을 받기 위한 신자의 침례를 주장했고, 이것이 그들을 다른 기독교 그룹과 분리시켰다. 신자의 침례를 실시하는 침례교인들조차 우리 운동처럼 구원에서 침례의 역할을 강하게 강조하지 않았다.

우리 운동의 역사 초기에 몇몇 사람들은 침례에 대한 주장이 분열과 분파를 조장하지 않을까 하고 물었다. 1830년 바톤 스톤은 침례에 대한 주장이 다른 어떤 신조보다 더 많은 사람들을 일치에서 떨어져 나가게 할 단일한 분파적 신조가 될 수 있을 거라고 염려했다. 이 운동에 참여한 몇몇 사람들이 염려한 것은 현실이 될 것이다. 그들은 침례받지 않은 모든 사람들로부터 '그리스도인' 이라는 이름을 떼어 낼 것이다.

1837년 버지니아 주 루넌버그 출신의 한 여자가 알렉산더 캠벨이 모든 개신교 그룹에 그리스도인이 있다고 말한 것에 놀라움을 표시하는 편지를 썼다. 캠벨은 〈밀레니얼 하빈저〉에 그 편지를 실었다. 왜냐하면 이렇게 함으로써 몇 가지 질문에 대답할 수 있기 때문이다. 단지 침례받은 신자들만 그리스도인이 될 자격이 되는가? 세계의 모든 그리스도인들이 캠벨이 이끄는 운동에 참여해야 하는가? 우리는 침례받지 않은 자들을 그리스도인이라고 부르고 침례를 받아야 한다고 주장할 수 있는가?

캠벨은 그 편지에 대한 응답에서 단호했다. 개신교 교파들 안에 그리스도인들이 있다. 그렇지 않다면 수 세기 동안 세상에 그리스도인들은 없었을 것이다. 그리고 "음부의 권세가 교회를 이기지 못하리니"(마 16:18)라고 한 예수님의 약속은 거짓으로 판명되었을 것이다. 캠벨은 말했다. "그럴 수는 없다. 그러므로 교파들 안에 그리스도인들이 있다."

분파주의에서 '나오라' 고 하는 일치에 대한 호소 자체는 교단 안에 그리스도인들이 있다는 것을 암시한다. 만약 세상의 모든 그리스도인들이 스톤-캠벨 교회 안에 하나가 되었다면 왜 캠벨과 다른 사람들이 그리스도인들을 불러 분파주의로부터 나오라고 했겠는가? 다르게 말하면, 일치를 호소하는 것은 반드시 연합해야 할 그리스도인들이 있다는 것을 의미한다. 불행히도 캠벨의 시대에서조차 그가 그들만이 구원받은 자들이라고 주장하는 배타적인 당을 만들어 이

끌기를 원한다고 생각하는 사람들이 있었다. 그는 이것을 강렬하게 부정하고, "나는 대부분의 개신교 교파들에는 주의 용서를 받아야 할 잘못과 오류를 범한 사람들이 많다고 생각한다"고 말했다.

그래서 그의 시대나 우리 시대나 그들만이 유일한 그리스도인들이라고 생각하는 사람들은 처음에 우리를 형성했던 생각과 맞지 않는다. 어떤 사람들은 알렉산더 캠벨을 이 문제에 대해 일관성이 없는 사람으로 그리려 했다. 그리고 주장했다. '초기 캠벨'은 그의 추종자들(혹은 침례 받은 모든 자들)이 유일한 그리스도인들이라고 보는 엄한 환원주의자였는데, '후기 캠벨'은 그 입장을 버리고 더 에큐메니컬해졌다. 캠벨 자신은 그가 항상 교파들 안에 그리스도인들이 있다고 믿었다는 것을 보여주기 위해 그의 초기 저술을 인용하면서 이 비난을 반박했다.

교파들 안에 그리스도인들이 있다는 믿음은 세례에 대한 질문을 일으켰다. 루넌버그 편지가 묻듯이 "당신의 어떤 행동이 그리스도인이라는 이름을 주었는가?" 그의 설교, 저술, 논쟁에서 캠벨은 강하게 신자들의 침례를 성경적 형태의 세례라고 변호하고, 유아 세례를 받은 자들에게 성인 세례를 받으라고 호소했다. 이러한 강조는 그의 추종자들 중 몇몇이 침례받은 자들만이 그리스도인이라고 추정하게 만들었다. 그들은 캠벨이 침례받지 않은 자 중 적어도 몇 사람을 '그리스도인'이라고 부르는 것을 보고 놀랐으며, 그가 성경적 침례의 중요성에 대한 그의 입장을 버렸다고 비난했다.

캠벨은 그에게 편지하는 사람들 가운데 몇 사람을 세례의 주제에 대해 극단주의자, 즉 율법주의자라고 비난함으로써 응수했다. 그들은 세례가 그리스도인을 판단하는 유일한 기준이라고 주장하면서,

세례 자체를 구원자로 만들었다. 캠벨은 결코 그런 '물 구원'(water salvation)을 가르치지 않았다. 그는 침례조차 기독교 신앙과 성품의 유일한 기준으로 만드는 것을 거부했다. 만약 유아 세례를 받은 자와 침례받은 신자 사이에 선택을 강요받는다면, 그는 그리스도를 가장 사랑하는 사람을 선택했을 것이다. 그리고 말했다. "내가 다르게 행한다면, 나는 순수한 분파론자, 그리스도인 가운데 바리새인이 될 것이다."

캠벨은 비록 세례가 중요하지만, 그것은 그리스도인의 성품보다 더 중요한 것은 아니라고 썼다. 그리스도인의 성품을 보이는 자들에게 그리스도인이라는 이름을 부정하는 것은 가장 나쁜 분파적 사람이다. 캠벨이 일생 동안 부수기 위해서 일했던 것은 율법적이고 배타적인 장벽을 조성하는 것이었다.

그래서 침례받지 않은 사람이 그리스도인이라면, 이것이 침례가 구원에 필수적인 것이 아니라 상대적으로 중요하지 않다는 것을 의미하는가? 아니다. 세례는 여전히 '구원으로 인도하는' 것이다. 그러면 어떻게 침례받지 않은 사람이 구원을 받을 수 있을까? 캠벨에 의하면 침례받지 않은 사람들 가운데 유아 세례를 받은 사람들은 그들의 세례가 성경적인가 아닌가 한 번도 물으려고 생각하지 않았고, 그 세례를 당연한 것으로 여겼다. 바울은 외적인 할례를 받지 않고 내적인 할례를 받은 자에 대해서 말하고 있다. 똑같은 방법으로 캠벨은 "단순히 외적 세례를 아는 사람이 내적 세례를 받을 수 있는가?" 하고 물었다.

캠벨은 분파들 가운데 그리스도인이 있을 수 있다고 인정하는 것이 세례의 중요성을 가감한다는 것을 강하게 부정했다. 그는 자신이 세례에 대해 완벽주의자와 비완벽주의자 사이에 중도를 취하고 있다고 보았다. 단순히 세례 없이 구원받을 수 있다는 가능성을 인정함으로써 세례의 권위를 가감하지 않는다고 주장했다.

캠벨이 침례가 절대적으로 구원에 필요치 않다고 믿었다면, 교회의 '개방 회원제'를 지지했는가? 아니다. 그는 하나님을 아버지라고 부르는 모든 사람을 '형제'라고 부르지 않을 것이다. 그리스도의 순종과 그의 명령들이(세례를 포함하여) 구원에 필수적인 일반적인 조건이다. 여기서 캠벨은 세례를 경멸하거나 소홀히 하는 자는 구원받을 수 없다고 믿는 천주교와 개신교 모든 그리스도인들에 동의한다고 주장한다.

그러나 사람들은 자신이 알고 있는 정도까지만 순종할 수 있다. 만약 사람들이 세례가 신자의 침례라는 것을 알지 못한다면 순종할 수 없다. 그러나 침례를 알고 거절하는 사람은 변명할 여지가 없다. 캠벨은 그의 말을 들으려고 하는 모든 사람들에게 성경적 세례는 죄 사함을 얻기 위한 침례라고 말했다. 그런 것들이 그의 회중의 멤버로 인정받기 위해 요구되었다. 그는 회중의 숫자를 늘리기 위해 세례를 경시하지 않았다. 그렇다고 침례받지 않은 모든 사람을 그리스도 밖에 있다고 판단하지도 않았다.

당시와 지금의 신학

여러 가지 방법으로 여전히 '그리스도의교회들'을 구별되게 만드는 것은 이 주제에 대한 캠벨의 신학으로부터 온다. '그리스도의

교회들' 은 그리스도인들을 연합하기 위해 교회가 잃어버렸던 것을 회복하기를 원한다. 우리는 성경을 이해하기 위해 당대 최고의 학문을 사용하는 성경 운동으로 되돌아가는 것이다. 그러나 우리는 항상 성경 공부에서 그리스도를 보기 원한다. 세례가 구원하는 신앙의 필수적인 표현이라고 주장하지만, 우리만 유일한 그리스도인이라고 주장하지는 않는다. 이런저런 영역에서 21세기 교회는 여전히 19세기 '제자들' 의 이상적인 생각으로부터 배울 수 있다.

토의 문제

1. '신학' 이란 당신에게 좋은 단어인가, 나쁜 단어인가? 그 용어를 쓰지 않는 것이 가장 좋을까? 아니면 적절하게 정의가 된다면 도움이 될까?

2. 왜 캠벨 부자는 다른 교리를 소홀히 하고 교회에 대해 그렇게 많이 가르쳤는가? 우리는 교회에 대해 동일하게 강조해야 하는가? 아니면 시대가 변했는가?

3. 해석학(성경 이해)에 대한 알렉산더 캠벨의 접근은 무엇이었는가? 이러한 접근이 오늘날도 유효한가? 그것의 강점과 약점은 무엇인가?

4. 초기 환원 지도자들이 "우리는 단지 그리스도인들인가, 유일한 그리스도인들은 아닌가?" 라고 말할 때, 그들은 무엇을 의미했는가? 다른 사람을 그리스도인으로 받아들인다는 것이 죄 사함을 위해 신자의 침례를 강조하지 않아야 된다는 것을 의미하는가?

참고 도서

For the text of Alexander Campbell's discussion of the Lunenburg Letter, see http://www.bible.acu.edu/stone-campbell/Etexts/lun16.html

Boring, M. Eugene. *Disciples and the Bible*. St Louis: Chalice Press, 1997.

Hicks, John Mark, "Alexander Campbell on Christians Among the Sects," in David W.

Fletcher, ed. *Baptism and the Remission of Sins*. Joplin, Missouri: College Press, 1990. See pages 171-202.

Hicks, John Mark and Bobby Valentine. *Down in the River to Pray: Revisioning Baptism as God's Transforming Work*. Abilene, Texas: Leafwood Publishers, 2004. See pages 131-151.

Lawrence, Kenneth, ed. *Classic Themes of Disciple Theology*. Fort Worth: Texas Christian University Press, 1986.

Richesin, L. Dale and Bouchard, Larry D., eds. *Interpreting Disciples: Practical Theology in the Disciples of Christ*. Fort Worth: Texas Christian University Press, 1987.

Sprinkle, Stephen V. *Disciples and Theology*. St. Louis: Chalice Press, 1999.

3부

이견과 분열 1861-1906

Renewing God's People

8장

남북전쟁의 위대한 분열

최근까지 스톤-캠벨 운동과 '그리스도의교회들'의 모든 교회 역사는 내전(Civil War)으로 우리가 분열했다는 것을 부정하였다. 감리교, 침례교, 장로교와 같은 다른 교단들은 남과 북으로 갈리는 아픔을 겪었지만, 우리는 아니다. 유명한 미주리의 목사이며 편집자인 모지스 라드(Moses Lard, 1818-1880)는 이에 대해서 고전적인 말을 남겼다. 대부분의 1세대 지도자들처럼 라드는 교인들에게 전쟁에 나가 싸우는 것을 거절하라고 촉구했다. 그리스도인들은 그런 분열적인 정치적 일에 말려드는 것을 피해야만 한다. 1866년 라드는 그의 계간 잡지에서, 전쟁이 많은 사람들에게 열렬한 감정을 식히고, 옛 친구들이 서로를 약간 부끄럽게 바라보도록 만들었다고 인정했다. 그러나 결국, 그 전쟁이 우리에게 분열을 초래하지는 않았다고 주장했다.

라드의 언급은 내전과 관계된 것이 아니라 그리스도인들 사이의 연합과 분열에 대한 그의 생각과 더 관계된 것이다. 아직 우리가 분열되지 않았다는 그의 선언은 수 세대 동안을 지배해 왔다. 그렇지만 우리는 그 언급을 재검토해야 할 필요가 있다. 왜냐하면 그 무서운 전쟁을 둘러싸고 있는 사건들로 인해 미국인들의 마음에 타들어간 지역감정이 다른 모든 미국인들에게 했듯이 우리를 형성시켰기 때문이다.

노예제도와 교회

1860년 북쪽에는 1,200개의 교회가, 남쪽에는 800개의 교회가 있었다. 그중 많은 교회들은 켄터키, 오하이오, 미주리 주 같은 인접 주들에 있었다.

모지스 라드

이 주들에서는 전쟁으로 이어지는 문제들에 대한 의견 차이가 특별히 심했다. 많은 정치적, 사회적 문제가 갈등을 부채질했지만, 핵심 문제는 노예와 인종에 관한 것이었다. 스톤-캠벨 운동에 속한 교인들은 그 누구 못지않게 열띤 토론을 벌렸다. 흑인과 노예제도에 대한 그들의 태도는 미국의 나머지 사람들과 동일한 스펙트럼을 반영했다.

바톤 스톤과 알렉산더 캠벨은 모두 노예제도에 반대했고, 동시에 폐지주의－법에 의해 모든 노예들을 즉각 해방시키는 것－에도 반대했다. 두 사람은 그들 생애의 각각 다른 시기에 노예를 소유했다. 스톤은 1804년에 그의 모든 노예를 해방시켰지만, 후에 제정된 법으로 인해 장모로부터 유산받은 몇몇 다른 노예들을 해방시키지 못했다. 그는 몇 년 동안 미국 식민사회를 지지하였다. 이 그룹의 사람들은 주인으로부터 노예를 사서 아프리카 국가 라이베리아로 돌려보냄으로써 노예제도를 끝내려고 하는 계획을 세웠다. 서아프리카 라이베리아는 식민사회가 그 목적을 위해 구입하여 만든 곳이다.

캠벨은 1845년 노예에 대한 그의 입장을 〈밀레니얼 하빈저〉에 "미국 노예제도에 대한 우리의 입장"(Our Position to American Slavery)이란 제목으로 쓴 8개의 논문에서 자세하게 밝혔다. 감리교와 침례교는 노예문제로 바로 분열되었고, 텍사스를 노예 주로 연맹에 합병시키는 것에 대한 논의는 국가와 운동에 심각한 위기를 초래했다.

캠벨은 노예제도 문제가 교회를 분열시키지 않아야 하는 이유를 설명하느라 안간힘을 썼다. 캠벨은 노예제도는 반대했지만, 그가 쓴 대부분의 논문에서 그 제도의 전제를 옹호하는 것 같았다. 그는 주장하기를, 성경 어느 곳에도 주인과 노예의 관계가 그 자체로 죄이며 부도덕한 것이라고 나와 있지 않다. 반대로 성경은 그 관계를 규정하려고 하지, 그것을 폐지하려고 하지 않는다. 마침내 캠벨이 노예제도를 반대하는 이유를 설명하기 시작했을 때, 그것은 편의의 문제였다.

그의 동료인 버지니아 출신 토머스 제퍼슨(Thomas Jefferson)과 아주 비슷하게, 캠벨은 문명 세계에서 노예제도는 시대정신 혹은 사회 진보와 단순히 맞지 않는다고 주장했다. 노예제도는 개인적인 그리고 국가적인 번영에 방해물이 되고, 노예를 소유한 그리스도인에게 많은 짐을 지워 사람들이 진정으로 원하는 행복으로 나아가지 못하게 한다. 캠벨은 점진적인 접근이 국가 제도에 분열을 일으키지 않고 노예제도를 끝내게 하는 가장 좋은 방법이라고 말했다.

캠벨은 일차적으로 노예의 복지에는 관심이 없었다. 그는 환원운동의 연합에 흥미가 있었고, 노예제도에 대한 갈등을 잠재적인 위협으로 보았다. 캠벨은 그의 논문 시리즈를 다음과 같은 주장으로 끝냈다. "성경을 따라 살려는 어떠한 그리스도인의 공동체도 헌법적으로 그리고 정당하게, 주인과 노예의 단순한 관계를 기독교 친교의 조건 혹은 징계의 이유로 삼지 않는다."

노예제도의 문제에 대한 긴장을 완화해 줄 온건한 입장을 밝히려는 그의 시도는 양쪽 사람을 모두 화나게 한 것 같았다. 오하이오 주 교회 지도자 존 커크(John Kirk)는 1851년 캠벨에게 편지하여 말했다. 교인이 된 노예 소유주는 노예를 해방시키라는 권면을 받은 후 실제로 노예를 해방하는 것을 거절한다면, 마치 도둑이나 악당을 다루듯이 다루어야 한다. 커크는 오하이오 주에 있는 교회 교인들의 대부분은 노예제도의 주제에 대해 캠벨과 동의하지 않는다고 말했다. 그는 〈밀레니얼 하빈저〉의 정기 구독을 끊고, 도망 노예법을 통과시킨 정부를 비난하지 않는 편집자의 신문은 어떤 것도 후원하지 않을 것이라고 말했다.

파디 버틀러(Pardee Butler, 1816-1888)는 아마 스톤-캠벨 운동의 가장 공공연한 노예제도 폐지주의자였다. 1855년 그가 전도자로 일하려고 캔자스로 이사했을 때, 그의 메시지는 복음이기도 하였지만,

그에 못지않게 폐지주의자였다. 미국 그리스도 선교회가 버틀러에게 노예제도에 반대하는 설교를 중지하라고 주장했을 때, 오하이오와 인디애나 주 출신의 폐지주의자 교회 교인들이 1859년 라이벌 선교회를 설립했다. 이 선교회는 1863년 해체될 때까지 버틀러의 사역에 기금을 제공했다.

말할 것도 없이, 스톤-캠벨 운동 가운데 노예제도를 가장 강하게 지지하는 목소리의 주인공은 제임스 섀넌(James Shannon, 1799-1859)이었다. 그는 많은 백인들이 당연하게 생각하는 것, 즉 흑인들은 열등하고 자유인으로 책임감 있게 살아갈 수 없다고 단언했다. 자연, 미국 헌법, 그리고 성경은 모두 분명하게 노예제도를 인정하고, 노예를 법적 재산으로 소유하는 주인들의 권리를 침범하려는 어떠한 시도, 심지어 전쟁까지도 제지되어야 한다고 말했다.

버틀러와 섀넌은 노예문제에 대한 스펙트럼의 반대 끝을 대표했다. 많은 교인들은 기꺼이 캠벨의 입장을 취하여 싸움으로부터 물러섰다. 그러나 그것은 1861년 전쟁과 함께 불가능하게 되었다. 켄터키와 미주리 주와 같은 북부 인접 주에서 의견이 가장 다양했고, 긴장이 가장 컸다. 악기를 사용하는 음악과 선교회처럼 이후 분열을 일으킨 문제들과 똑같이 노예제도와 노예 소유주들의 문제는 각 교회가 해결해야 할 일이었다. 우리는 침례주의자, 감리주의자, 그리고 장로교인들의 분열을 용이하게 할 수 있는 전국적인 조직을 가지고 있지 않았다. 아니면 우리는 가지고 있었는가?

남북전쟁 동안의 교회

스톤-캠벨 운동은 장로교 총회나 감리교 연회와 같이 기능하지는 않지만 전국적 조직, 즉 미국 그리스도 선교회를 가졌다. 오하이오주 신시내티 북부에 본부를 둔 연례 회의에는 전국에서 참석했다. 전쟁이 시작되었을 때 남부인들은 더 이상 모임에 올 수 없었다.

이 운동의 많은 지도자들이 노예문제에 온건했던 것같이 많은 사람들(캠벨 자신의 지도를 받은)은 전쟁에서 어느 한쪽을 지지하기를 거절했다. 그러자 외부인들은 연방군에 대한 선교회와 회원 교회들의 충성을 의심했다. 1861년 10월 모임에서 캠벨 운동의 몇몇 교회들은 연방군을 지지하기 위해 모든 힘을 다하자는 결의안을 제안했다. 선교회 자신은 이 결의안을 채택하지 않았다. 왜냐하면 몇몇 사람들이 이 같은 정치적 결의안은 선교회가 다루어야 할 고유한 일 외의 것이라고 주장했기 때문이다. 그래서 그들은 10분 휴식을 갖고, 선교회 혹은 대중 집회의 자격으로 결의안에 표결을 하고, 이 안을 통과시켰다.

기술적으로 볼 때 미국 그리스도 선교회는 결의안을 통과시키지 않았다. 그래서 전혀 문제 될 것은 없었다. 그러나 이 말이 남부 교회 지도자들에게 전해졌을 때 그 반응은 즉각적이었다. 테네시 주 내슈빌의 톨버트 패닝은 남부 지도자들이 갈등에서 비켜서기를 촉구했다. 그러나 그가 결의안에 대해 들었을 때 이 결의안은 선교회가 동 회를 지지한 자들에게 연방군에 합세하여 남부인들을 학살하는 데 참여하라고 격려하고 있다는 것을 의미한다고 생각했다. 그리고 만약 이 결의안을 통과시킨 사람들이 그들이 한 짓을 회개하지 않는다면 그들을 한 형제로 여길 수 없다는 것을 분명히 했다.

그러나 아직 최악은 오지 않았다. 선교회가 연방군에 충성하지 않는다는 소문은 이전의 결의안으로는 가라앉지 않았다. 라이벌 선교회를 조직했던 폐지주의자들은 계속 선교회를 가혹하게 비난했다. 1863년 선교회는 이러한 비난을 영구히 종결시키기로 결정했다. 이번에는 회기 중에 있던 선교회가―휴식 없이, 비공식적 대중 집회가 아닌―더 강한 결의안을 통과시켰다.

> 결의안 : 우리는 무조건 미합중국 정부에 동맹을 선언하고 이 나라에서 거짓되고 헐뜯는 진술들을 거절한다. 우리는 우리 정부를 무너뜨리기 위해 무장한 반역자들의 시도로부터 우리를 지켜주고 있는 용감하고 고귀한 전장의 군인들을 지지한다.

1861년과 1863년의 이런 조치들로 미국 그리스도 선교회는 북부와 제휴하였다. 벤저민 프랭클린(1812-1878) 같은 북부의 많은 교회 지도자들은 전쟁 동안 중립으로 남아 있었지만, 선교회는 정치와 군사적 갈등의 시기에 한편을 선택했다. 남북전쟁 후 남부에서 가장 유명한 교회 지도자가 될 사람, 데이비드 립스콤(David Lipscomb, 1831-1917)은 1866년 선교회가 교회와 하나님의 뜻을 저버린 잘못을 저질렀다고 썼다. 또 선교회가 잘못에 대해 회개하지 않으면 동 회는 그리스도적 형제애를 가졌다고 할 수 없다고 단언했다.

선교회에 반영된 지역적 분열은 전쟁 후 옛 잡지의 부활과 새로운 잡지의 창간 동기가 되었다. 1866년 내슈빌에서 발행하고 패닝에 의해 편집된 〈가스펠 애드버케이트〉는 출판을 재고했다. 〈가스펠 애드버케이트〉는 1861년 전쟁으로 폐간되었다. 그러나 립스콤은 남부인들이 '정치적 암시와 비방'으로 감정이 상하지 않고 지속적으로 읽을 수 있는 다른 신문이 없기 때문에 〈가스펠 애드버케이트〉를 다시 시작할 필요가 있다고 생각했다. 비록 편집자들이 〈가스펠 애드버케이트〉가 지역적 신문이 되기를 의도하지 않았다고 말했지만, 그 신문은 확실히 남부 교인들을 위해 남부 지도자들에 의해 발간된 남부 잡지였다.

〈가스펠 애드버케이트〉가 내슈빌에서 발간되던 해, 북부에서는 새 신문이 발간되기 시작했다. 한 그룹의 교회와 경제 지도자들이 생각하기에 당시 상황에 맞는 신문인 〈크리스천 스텐다드〉(Christian Standard)를 발간하는 출판사를 설립했다. 전에는 벤저민 프랭클린이 편집한 〈아메리칸 크리스천 리뷰〉가 북부에 가장 많은 영향을 주었다. 새 출판사를 설립한 지도자들과 달리 프랭클린은 전쟁 동안 중립적이어서 많은 사람들에 의해 너무 편협하고 율법적인 사람(시대에 뒤떨어진 사람)으로 생각되었다.

〈가스펠 애드버케이트〉와 〈크리스천 스텐다드〉 배후에 있는 지역적, 정치적 감정이 결코 신문을 시작한 공적인 설명의 일부는 아니었다. 그러나 〈크리스천 스텐다드〉가 지역적 성격을 가진 것은 사실이다. 1867년 립스콤은 새 신문의 편집자 아이작 에렛(Isaac Errett)을 만났다. 몇 년 후 립스콤은 에렛이 〈스텐다드〉를 시작했고, 그 이유는 프랭클린이 전쟁 동안 정부를 지지하는 그리스도인들의 의무에 대한 친연방 국민의 견해를 출판하지 못하게 했기 때문이라고 인정했다.

남북전쟁에 의해 분열되었는가?

전쟁 이전과 전쟁 중, 그리고 전쟁 후 미국에서 누군가 그렇게 큰 사건에 영향을 받지 않고 남아 있을 수 있다고 생각하는 것은 너무 순진한 생각이다. 남북전쟁은 미국의 어느 누구도 피할 수 없는 두 개의 다른 분위기 – 북부에 하나, 남부에 하나 – 를 조장하였다. 북부인들은 전쟁에서 이겼다. 거기에는 승리, 진보, 그리고 번영의 의식이 남부를 벌하거나 복구해야 한다는 바람과 혼재되어 있었다. 남부인들은 패배했다. 생존하기 위해서 그들은 패배를 물질주의적인 북부와 같이 되는 것을 막고, 덕을 하나님이 원하는 문화의 본보기로 유지하려고 하는 하나님의 훈련이라고 해석했다.

그래서 기독교적 친교를 깬 것은 전쟁이 아니라 전쟁의 후유증, 즉 남부의 재건이었다. 전쟁 후에 번영하는 북부 시의 많은 교회들은 사회에서 성공하게 되었다. 비싼 스테인드글라스로 큰 건물을 지었고, 또 교육받은 목사들을 선호하였다. 그리고 심지어 새로운 건물에 비싼 오르간을 비치할 수 있었다. 뒤에 보겠지만, 어떤 사람들은 예배에서 악기를 사용하는 음악을, 그것이 비성서적이라기보다는 세속성 때문에 더 반대했다. 북부의 '제자들' 은 그 문화에 잘 적응하였고, 교인들 가운데 제임스 가필드(James A. Garfield, 1831-1881)가 미국 대통령이 되었다.

대조적으로, 남부 교인들은 기근, 병, 경제적 파산을 맞았다. 비록 몇몇 북부의 교회 지도자들은 남부에 인도적인 지원을 하기 위해 노력하였지만, 실제로 도움은 거의 없었다. 남부 교인들에게는 북부에 있는 동료 교인들이 건물과 오르간에 돈을 쓰고, 반면 남부에 있는 형제자매들은 겨우 살아남기 위해서 싸우고 있다는 것은 생각할 수 없는 일이었다.

남북전쟁이 우리를 분열시켰는가? 그것은 확실히 침례교인, 감리교인, 장로교인들을 분열시킨 것과 같이 우리를 분열시키지는 않았다. 우리는 그 교회들이 가진 것처럼 교회 전체를 대표하고, 행동하는 중앙 조직을 가지고 있지 않았다. 우리는 그러한 방법으로 분열시키는 데 필요한 종류의 조직을 갖지 않았다. 그럼에도 불구하고, 우리는 조직을 가졌다. 우리는 미국 그리스도 선교회를 가졌고, 또 우리의 신문을 가졌다. 공식적인 총회와 회의보다는 덜 형식적이지만, 이 조직들은 북부와 남부에 있는 그리스도인들의 마음과 정신에 일어났던 분열의 모습을 결정했다.

북남 분열은 현실적이고 실제적이었다. 분열의 '공식적인' 해인 1906년, '그리스도의제자들' (Disciple of Christ)의 3분의 2는 북부에 있게 되고, '그리스도의교회들' 의 3분의 2는 남부에 있게 될 것이다. 그것은 너무나 우연한 일치여서 그 누구도 전쟁이 우리를 분열하였다고 부정하지 못한다. 그러나 전쟁이 그 운동을 분열한 유일한 요인은 아니다. 9장에서는 그런 다른 요소들에 대해 논의할 것이다.

토의 문제

1. 그리스도인과 교회는 정치적, 사회적 문제에 관여해야 하는가? 그 이유는 무엇인가? 아니라면 그 이유는 무엇인가?

2. 당신은 남북전쟁 전 노예제도에 대한 스톤-캠벨 운동의 교회들에게 가장 핵심적인 문제가 무엇이라고 보는가?

3 어떤 의미에서 스톤-캠벨 운동은 남북전쟁 동안에 분열을 피했는가?

4. 어떤 의미에서 스톤-캠벨 운동은 남북전쟁 동안에 분열되었는가?

5. 어떻게 남북전쟁과 관계된 분열을 피할 수 있었는가?

6. 어떤 식으로 남북전쟁 시대가 나중에 올 다른 분열의 기초를 놓았는가?

참고도서

Garrett, Leroy. *The Stone-Campbell Movement*. Joplin, Missouri: College Press, 1994. See Pages 333-355.

Harrell, David Edwin, Jr. *Quest for a Christian America: The Disciples of Christ and American Society to 1866*. Nashville: Disciples of Christ Historical Society, 1966. See pages 91-138.

Maxey, Robert Tibbs. *Alexander Campbell and the Peculiar Institution*. El Paso, Tx: Spanish

American Evangelism, 1986.

North, James B. *Union in Truth: An Interpretive History of the Restoration Movement*. Cincinnati: Standard Publishing, 1994. See pages 227-252.

Poyner, Barry C. Bound to Slavery: *James Shannon and the Restoration Movement*. Ft. Worth: Star Bible Publications, 1999.

9장

논쟁점과 편집자

회중 위에 조직이 없는 운동들을 어떻게 연합할 것인가? 그것은 스톤-캠벨 운동이 함께 모였던 1832년의 문제였다. 그때의 답은 이중적이었다. 회중별로 순회하는 목사의 사역을 통해서 그리고 종교신문의 영향을 통해서였다. 어떻게 회중적인 운동이 분열되는가?

아이작 에렛

모지스 라드와 다른 사람들은 '제자들' 은 분열을 공식화하는 교단적인 구조를 갖지 않았기 때문에 분열될 수 없다고 믿었다. 우리가 앞서 8장에서 보았듯이, 교회가 선교회를 지지하거나 반대할 때 선교회가 이 역할을 얼마간 시행했다. 그러나 근본적으로 우리는 종교 편집자들과 강한 목사들의 영향을 받아 회중별로 연합했던 것처럼 분열되었다.

어떤 논쟁점이 우리를 분열시켰는가? 노예제도, 남북전쟁, 그리고 재건이 분열의 원인에 들어간다. 전쟁과 그것의 결과가 분열된 종교적 논쟁점–선교회와 악기를 사용하는 음악–의 토론과 성경해석 접근의 방향을 결정했다.

선교회에 대한 반대

1849년 신시내티에서 미국 그리스도 선교회가 설립되었을 때, 선교회는 교회의 설교자들과 편집자들로부터 거의 반대를 받지 않았다. 나중에 가장 강렬하게 반대했던 사람들 가운데 두 사람은 톨버트 패닝과 벤저민 프랭클린인데, 한때 이들은 선교회의 임원으로 봉사했다.

톨버트 패닝

패닝은 선교회와의 연결을 끊은 첫 사람이었다. 1855년 그가 〈가스펠 애드버케이트〉를 시작했을 때, 그 잡지의 목적은 선교회 문제를 철저하게 토론하는 것이었다. 1857년 패닝은 그 선교회는 성경에 의해 권한을 부여받지 않았다고 확신했다. 그러나 선교회를 지지하는 사람들과 교제를 끊는 것을 거절했다. 심지어 1859년 환원운동이 여전히 연합되어 있다고 기뻐하며 선교회의 정기 연회에서 강연했다. 패닝이 선교회를 교제의 문제로 삼기 시작한 것은 동 회가 1861년과 1863년에 연방국 지지를 결정한 이후였다.

똑같은 것이 선교회 본부가 있는 신시내티에서 발행된 대중 종교지 〈아메리칸 크리스천 리뷰〉를 편집한 벤저민 프랭클린에게도 통한다. 프랭클린은 선교회의 총무로 13년 동안 봉사했지만, 1866년 선교회로부터 완전히 돌아섰다. 그는 북부 출신이지만, 그 역시 선교회가 전쟁 동안에 중립과 평화주의를 저버림으로 인해 분개했다.

선교회에 반대하는 논의가 동 회를 반대하는 사람들 사이에 일반적으로 지속되었다. 동 회는 파당 정치에 개입하였다. 그리고 선교 사역을 하는 데 비효과적이고, 교회들에게 지시하였다. 가장 힘 있는 논거는 성경이 지역 회중 외의 교회 조직에 대해 침묵한다는 것이다. 선교회를 지지하는 사람들은 그 침묵을 허락으로 여기고, 선교회를 반대하는 사람들은 선교회의 조직을 금한다고 믿었다.

회중들 간의 선교 협력에 대한 절충안인 루이빌 계획(Louisville plan)이 1868년 제안되었으나 1-2년 후에 실패하였다. 결국은 영향력 있는 〈크리스천 스탠다드〉를 포함한 북부의 대부분의 설교자들과 신문들은 자선과 선교 사역을 하는 다른 단체들을 지원했다. 남부에 있는 사람들은 일반적으로 지역 교회 외에 어떠한 교회 조직도 반대하였다.

예배 중 악기 사용

예배 중 악기 사용이 적절한가에 대한 토의는 우리에게만 국한된 것이 아니다. 츠빙글리(Zwingli)와 칼빈(Calvin)은 종교개혁 동안 악기를 사용하는 일에 반대했다. 미국에서는 회중교회들이 남북전쟁 후까지 예배 중 악기를 사용하지 않았다. 이 문제는 환원운동의 초기 역사에는 나타나지 않았다. 아마 개척지 교회들이 악기를 장만할 여유가 거의 없었기 때문이다.

스톤-캠벨 교회 가운데 예배 중 사용 악기에 대해 기록된 첫 번째 예는 1859년 켄터키 주 미드웨이에서였다. 핑커턴(L.L. Pinkerton, 1812-1875) 목사는 '쥐도 놀랄 정도로 노래를 못 불러' 그것을 돕기 위하여 멜로디언을 들여왔다.

남북전쟁 이후에 많은 교회들이 악기를 들여왔다. 악기를 들여온 교회들은 그 악기가 노래하는 데 보조가 되고, 또 신세대 예배자들의 마음을 끈다고 주장했다. 악기에 대한 반대가 절대적인 것은 아니지만 일차적으로 남부로부터 기인했다. 그 반대의 일부는 사회적이고 경제적이었다. 남쪽 형제자매들이 굶어가고 있는데 어떻게 북부 교회들이 오르간에 돈을 낭비할 수 있는가? 다른 사람들은 악기 사용이 하나님을 영화롭게 하는 일을 소홀히 하고 음악의 아름다움을 너무 강조하고 있다고 주장했다. 그들의 악기 사용은 영적인 예배를 더 증진시켜주지 않았다.

선교회와 마찬가지로 예배 중에 악기를 사용하는 음악에 대한 일차적인 반대는 성경이 이에 대해 침묵한다는 사실로부터 왔다. 신약성경은 예배 중에 노래는 언급하지만 악기를 언급하지 않기 때문에 악기는 금지되었다. 다른 한편, 악기 사용을 지원하는 사람들은 침묵이 찬송가, 찬송 리더, 교회 건물을 예배의 보조로 허락하는 것과 같이 악기를 노래하는 보조로 허가했다고 주장했다. 흥미롭게도 몇몇 사람들은 침묵의 논거를 그 문제에 다르게 적용했다. 그래서 맥가비(J.W. McGarvey, 1829-1911)와 모지스 라드 같은 유명한 지도자들은 선교회를 지원하지만 예배 중 악기 사용은 반대했다.

악기를 사용하는 음악에 대한 문제가 왜 그렇게 분열적인가? 아마 그것이 가시적이었기 때문이다. 사람들은 한 회중과 수 년 동안 함께 예배드릴 수 있지만, 어느 회원이 선교회와 다른 문제들에 대해 당신의 입장에 찬성하지 않는다는 것을 알지 못한다. 그러나 교회당으로 들어갈 때는 그 회중이 악기 사용 음악을 사용하는지 아닌지 바로 알 수 있다.

많은 지도자들이 잠시 동안 악기 사용이 교제의 기준이 되는 것을 피했지만, 그것은 곧 교제의 기준이 되었다. 결국 의식적으로 악기에 반대했던 사람들은 악기가 회중으로 들어왔을 때 무엇을 할 수 있었을까? 대부분의 사람들에게 그들은 교회를 분리할 수밖에 다른 선택이 없었다.

분열을 향한 걸음들

이 시기에 논의된 다른 분열적인 문제들은 누가 성찬에 참여할 수 있는가, 그리고 목사의 역할과 같은 문제들이었다. 악기 사용 음악, 그리고 선교회에 대한 불일치에도 불구하고 1870년대 내내 연합에 대해 약간 불편한 감정이 있었다. 그러나 1880년 몇몇 사람들은 분열이 이미 일어났다고 주장하고, 이 분열을 인정할 것을 요구했다.

그들 가운데 우두머리는 대니얼 소머(Daniel Sommer, 1850-1940)였다. 그는 벤저민 프랭클린에 이어 〈아메리칸 크리스천 리뷰〉의 편집자였다. 소머는 지난 30년 동안 교회들 가운데 일어난 변화를 배신의 실례로 보았다. 그는 '그리스도의교회들' 과 '그리스도인교회' (Christian Church)를 구분했다.

1889년 일리노이 주 샌디 크릭 출신의 한 장로는 소머의 〈선언과 제언〉(An Address and Declaration)을 읽고, 그의 운동을 혁신과 부패로부터 구원하려는 계획으로 요약했다(확실히 토머스 캠벨의 〈선언과 제언〉을 이용한 것). 만약 지도자들과 교회들이 악기 사용 음악, 선교회의 지원, 지역 설교자들, 그리고 다른 것들에 대한 실천을 포기하지 않는다면, 우리는 그들을 형제로 여길 수 없고, 여기지 않을 것이라고 소머는 말했다.

북부와 남부에 있는 대부분의 지도자들은 소머처럼 그렇게 빨리 분열을 선언하지는 않았다. 그래도 결국 그들은 분열을 인정해야만 했다. 오랫동안 데이비드 립스콤은 그 분열을 몹시 인정하고 싶지 않았다. 그러나 1904년 신실한 교회와 설교자들의 목록을 작성했는데, 이것은 회중 운동의 분열을 확인하는 또 다른 방법이었다. 1907년에 인구 조사국장으로부터 " '그리스도의교회들' 을 '그리스도의 제자들' 로부터 구분하여 등록할 것인가?" 하는 질문을 받자, 데이비드 립스콤은 마음이 아팠지만 그들이 이제 두 개의 다른 교회라는 것에 동의했다.

연합인가, 분열인가?

데이비드 립스콤

확실히 '그리스도의교회들'에서 일어난 이 분열과 그후에 일어난 분열에 대한 이야기는 우리의 유산에 가장 혼란스러운 부분 중 하나이다. 어떻게 연합 운동으로 시작한 그룹이 후에 부서지고 갈라질 수 있을까? 어떻게 1832년 연합을 위해 스톤과 캠벨 그룹 사이의 중대한 차이점들이 극복될 수 있었는가? 반면, 1906년에는 덜 중요한 문제들이 우리를 나뉘게 했는가?

적어도 그러한 질문에 대한 대답의 일부는 태도에 있다. 확실히, 특정 교리들은 하나님께 신실하기 위해 유지되어야만 한다. 신약성서는 크게 교리적 순수성과 관련되어 있다. 그러나 복음의 핵심에 있는 교리들은 항상 그리스도를 중심으로 하고 있다. 보통 우리를 갈라놓는 문제들은 그렇지 않다. 어떻게 그럴 수 있는가? 그 이유는 우리가 그러한 문제들을 정도 이상으로 더 중요하고 분리적인 것으로 만들기 때문이다.

남북전쟁 이후 심지어 수십 년 동안 몇몇 사람들은 그 문제들과 전쟁으로 인한 반감 때문에 형제자매들과 분열되는 것을 반대했다. 그런 사람 중 한 사람은 래리모어(T.B. Larimore, 1843-1929)이다. 동부 테네시 주에서 가난하게 태어난 래리모어는 1864년 켄터키에서 세례를 받고, 후에 내슈빌 근교에 있는 프랭클린 대학에 다녔으며, 톨버트 패닝 밑에서 공부했다. 래리모어는 그의 여생을 1871년에서 1887년 사이 앨라배마 주 플로렌스 근처에서 마스 힐 아카데미(Mars Hill Academy)를 운영하며, 교육자와 순회 전도자로 보냈다.

그래서 래리모어는 선교회와 예배 중 악기 사용 음악을 강하게 반대하는 자들에게 영향을 받은 남부의 충성된 아들이었다. 그는 개인적으로 결코 둘 중 어느 것도 지지하지 않았다. 그러나 그리스도의 몸은 그러한 일로 분열되어서는 안 된다고 믿었기 때문에 이러한 문제들에 대해 공공연하게 자기의 소신을 말하기를 거절하였다. 그는 자기의 의무는 기독교 전도자로서 신약성경의 복음을 선포하는 것이라고 보았다. 그리고 '가장 현명한 최고의 사람들이 다르게 생각하는' 그러한 문제들에 관여하지 않았다.

T.B. 래리모어

그는 확실히 생전에 만 명 이상의 사람에게 세례를 줌으로써 복음 사역에 성공적했다. 그러나 그는 분열에서 한쪽을 택하도록 강한 압력을 받았다. 그가 어느 쪽에도 서지 않은 것은 많은 사람들을 화나게 했다. 양쪽의 파벌은 그를 격렬하게 비판했지만, 그는 계속 자신을 변호하는 것을 거절했다. 그의 생각에 분열을 피하는 유일한 길은 의견이 가능한 사항에 자유를 허용하는 것이었다.

이러한 면에서, 래리모어는 토머스 캠벨과 〈선언과 제언〉의 유산을 반영하고 있다. 캠벨이 "성경이 침묵하는 것에는 침묵하라"고 말했을 때, 성경이 침묵한 사항에 대해서 강한 의견을 허락했다. 어떤 사람들은 이 침묵이 허가한다고 생각해도 좋고, 다른 사람들은 이 침묵이 금지한다고 확신해도 좋다. 캠벨이 외쳤던 그 침묵은 그러한 의견들을 신앙을 분리하는 사항으로 만드는 것을 거절했다.

'그리스도의교회들' 의 많은 사람들은, '침묵하라' 는 것은 신약성경에 언급되어 있지 않는 행위를 금하는 것을 의미한다고 캠벨의 가르침을 거꾸로 뒤집었다. 그들은 더 나아가 그러한 행위를 찬성하는 사람들과 교제를 거절했다. 이것은 래리모어가 하고 싶지 않았던 일이다. 그는 그 문제에 대해 틀렸다고 생각하는 사람들과 관계를 끊고 싶지 않았다.

래리모어가 '그리스도의제자들' 과 '그리스도의교회들' 과 가진 교제는 행동에 있었지 말에 있지 않았다. 그는 계속해서 초대받는 곳이면 어느 쪽에서나 설교했고, 1925년까지 '제자들' 연감의 설교자들 명단에 있었다. 그는 양쪽 교회의 종교신문에도 글을 썼다. 그는 모두에 대해서 잘 이야기했다. 그의 말 가운데 다음과 같은 내용이 있다.

> 나는 결코 그리스도인들 혹은 다른 사람들을 '반대자', '탈선자', '극단적 보수주의자', '하찮은 자', '쓰레기들' 이라고 부르지 않는다. 나는 황금률[4]이 요구하듯이 나 자신에게 원하는 신실과 공손으로 모두에게 양보하고 모두와 화합한다.

---

4) 황금률은 마태복음 7장 12절, 누가복음 6장 31절에 나오는 교훈으로 흔히 "무엇이든지 남에게 대접을 받고자 하는 대로 너희도 남을 대접하라" 로 요약할 수 있다.

그의 시대와 우리 시대의 몇몇 사람들은 그러한 태도가 교회를 엄청난 거짓 가르침으로 인도한다고 말할 것이다. 대신, 그의 시대 모든 사람들이 그의 태도를 따랐더라면 그 '문제' 들이 결코 우리를 갈라놓지 않았을 것이다. 어느 시대나, 황금률을 따르고 동료 그리스도인들에 대해 좋게 생각하고, 더 기도하고 적게 논쟁하는 것이 좋은 생각인 것처럼 보인다. 그것이 래리모어의 유산이다.

토의 문제

1. 남북전쟁 이후의 상황들이 선교회와 악기 사용 음악에 대한 토론에 어떤 영향을 주었는가? 언제 한 번이라도 교리적 문제에 대한 '순수한' 논의가 있었는가, 아니면 환경이 항상 우리의 생각에 영향을 주는가?

2. 선교회를 지지하는 것이 오늘날 여러분의 교회에 문제가 되는가? '예' 라면 그 이유는 무엇인가? '아니오' 라면 그 이유는 무엇인가?

3. 예배 중 아카펠라 음악에 찬성하는 논거는 무엇인가? 아카펠라 음악에 반대하는 논거는 무엇인가?

4. 우리는 이러한 문제에 대해 우리와 동의하지 않는 사람들과 교제할 수 있는가? 다른 문제들에 대해서는 어떠한가? 그 교제는 어떤 것이 될 것인가?

5. 황금률을 따르는 것이 다른 교인들과 교리적 차이를 없애줄 것인가? 그것이 우리가 그들과 관계하는 데 도움을 줄 것인가?

참고 도서

Foster, Douglas A. *Will the Cycle Be Unbroken? Churches of Christ Face The 21st Century* (Abilene, ACU Press, 1994). See Pages 147-159.

Garrett, Leroy. *The Stone-Campbell Movement*. Joplin, Missouri: College Press, 1994. See

Pages 381-405.

McAllister, Lester G. and Tucker William E. *Journey in Faith*. Saint Louis, Chalice Press, 1975. See pages 233-254.

Webb, Henry E. *In Search of Christian Unity: A History of the Restoration Movement*, revised edition. Abilene, TX: ACU Press, 2003. See Pages 193-218.

West, Earl Irvin. *The Search for the Ancient Order*, Vol 1. Nashville: Gospel Advocate, 1986. See pages 306-317.

4부

'그리스도의교회들'의 발전과 정체성

10장 새로운 교회의 형성: 1906-1941

Renewing God's People

10장

새로운 교회의 형성: 1906-1941

1906년, '그리스도의교회들' 이 미국 종교인구조사에서 '제자들' 로부터 분리되어 등록되었을 때, 우리는 숫자가 적고, 가난하고, 주변 사회의 눈에 띄지 않았다. 그때 '그리스도의교회들' 은 스톤-캠벨 운동의 큰 부분에서 분리되어 분명한 정체성을 형성해야 하는 일에 직면했다. 우리는 우리가 '제자들' 과 다르다는 것을 알았다. 그리고 우리를 스톤-캠벨 운동의 바른 원칙을 수호하는 자들로 보았다. 그러나 1906년부터 제2차 세계대전이 시작될 때 일어난 일들은 '그리스도의교회들' 을 실로 독특한 형태로 만들었다.

성장하는 교회

1906년 인구조사에 '그리스도의교회들' 은 159,658명의 교인을 가진 교회로 등록했다. ('그리스도의제자들' 은 982,701명의 교인을 가졌다.) 1916년 인구조사에는 317,937명의 교인을, 1926년 인구조사에는 435, 714명의 교인을 보고했다. 초기 인구조사에 보고된 교인의 수가 실제보다 적게 평가된 것을 고려해도 교회는 2배 이상 성장했다. 이런 추세는 계속되어 1941년에는 60만 명의 교인으로 성장하였다.

어떻게 이런 어마어마한 성장이 가능했을까? 그 이유 중 일부는 교회가 전도적이었다는 것이다. 순회하는 전도자들과 지역 목회자들뿐 아니라 일반 교인들도 다른 사람들과 신앙을 나누어야 할 필요를 느끼고 새 교회를 개척했다. 아마 그들은 우리의 배타적인 신학으로 동기화되었을 것이다. 만약 '그리스도의교회들' 이 유일한 그리스도인들이라면, 그리스도인이 되려고 하는 다른 사람들은 교파주의로부터 개종할 필요가 있었다. 아마 죄책감이 그들을 움직였을 수도 있다. 많은 사람들이 교회의 목적은 '영혼을 구하는 것' 이라고 느꼈다. 만약 교인들이 전도하지 않으면 그들 자신들이 잃은 자들이 될 것이다.

우리의 메시지와 방법 역시 성장에 기여했다. 우리의 메시지는 여전히 왈터 스캇에 의해 유명해진 '단순한 복음' 이었다. 그러나 이 시기에 스캇의 다섯 손가락 복음—믿음, 회개, 세례, 죄의 용서, 성령의 은사, 영생—은 구원의 다섯 단계—듣기, 믿기, 회개, 고백, 세례 받기—에 대한 호소가 되었다. 많은 사람들에게, 그 강조는 하나님의 약속을 받기 위해 하나님의 은혜에 반응하는 것으로부터 구원받기 위해 인간이 무엇을 해야 하는가로 바뀌었다. 그러나 이 단순한 복음은 개척지의 사람들로부터 큰 반응을 얻었다. 왜냐하면 그것이 그들에게 구원에 대한 분명한 확신을 주었기 때문이다. 순회하는 전도자들로 하여금 복음 집회에서 말하게 하는 방법 역시 주위를 끌 만한 대중 오락이 없었던 문화에 효과적이었다.

'그리스도의교회들' 은 미국 밖에서, 특히 1920년대 중국, 인도, 필리핀, 브라질, 아프리카에 대한 선교로 성장했다. 장기간에 걸친 사역이 매캘럽(J.M. McCaleb, 1861-1953)과 그의 가족에 의해 1891년 일본에서 시작되었다. 1916년 새라 앤드류스(Sarah Andrews, 1893-1961)가 그들에게 합세했다. 앤드류스는 제2차 세계대전 내내 일본에서 사역하면서, 수용소 캠프에서 잠시 감금을 당했고, 몇 해 동안 가택 연금 상태에 있었다. 그녀의 건강을 회복하기 위해 1945-1949년 미국에 가 있다가, 여생을 일본에서 보내기 위해 돌아왔다. 그녀의 사역을 통해 여덟 교회가 개척되었다.

대학의 등장

회중 중심으로 조직된 교회의 항구적인 관심사는 우리를 서로 결속시켜 주는 것이 무엇인가 하는 것이다. 그 대답은 신학적(어떤 신앙과 실천이 우리를 하나로 만든다)이면서 사회학적(결속을 만드는 조직이 있다)이다. 우리의 조직은 대부분의 종교 단체들보다 덜 형식적이다. 그러나 더 실제적이고 강하다. 이 시기 '그리스도의교회들' 사이에,

종교학교, 신문, 그리고 유명한 순회 전도자들이 많은 회중들에게 영향을 주었고, 우리에게 놀라울 정도의 통일성을 주었다.

19세기 스톤-캠벨의 대학처럼 '그리스도의교회들'이 설립한 대학들 역시 회중들의 성장을 촉진하고 반영했다. 1891년 제임스 하딩(James A. Harding, 1848-1922)과 데이비드 립스콤은 내슈빌 성경학교(립스콤 대학교의 전신)를 시작했다. 학교를 시작하면서 그들이 말한 목적은 당시 우리의 모든 대학을 대표하는 것이었다.

애빌린 크리스천대학 경영학과 빌딩, 1928

> "학교의 최고 목적은 성경을 하나님이 인간에게 계시한 뜻으로 가르치는 것이다……. 학문의 다른 분야들은 성서를 이해하고 가르치는 데 도움이 되고, 사람들 사이에 유익과 선한 시민성을 증진시키는 데 추가된 것이다."

이 시기에 우리 학교들은 학문과 인증에 대한 관심이 많지 않았다. 많은 학교들은 인문대학이라기보다 성경대학 같았다.

애빌린 크리스천대학교(Abilene Christian University, 원래는 Childers Classical Institute로 알려졌다)는 1906년 배릿(A.B. Barret, 1879-1951), 제시 시웰(Jesse P. Sewell, 1876-1969)과 다른 사람들의 노력으로 시작되었다. 동 학교는 바로 텍사스 주에 있는 교회들의 활력을 회복하게

하는 장소가 되었고, 그 주를 '그리스도의교회들' 의 요새로 만드는 데 도움을 주었다.

N.B. 하드먼

프리드(A.G. Freed, 1863-1931)와 하드먼(N.B. Hardeman, 1874-1965)은 후에 프리드-하드먼 대학교(Freed-Hardeman University)가 된 학교를 세웠다(비록 이 대학이 1869년부터 시작된 초기 대학들로부터 나왔지만). 테네시 주 헨더슨에 위치한 이 학교는 곧 하드먼과 같은 목회자들을 양성하는 것으로 유명해졌다.

이 학교들이 '그리스도의교회들' 과 연결된 최초의 세 대학이었다. 그러나 1-2년 안에 두 개의 다른 대학이 세워졌다. 하딩 대학이 1924년 두 개의 초급 대학, 아칸소 크리스천대학과 하퍼 대학의 합병으로 시작되었다. 1934년 이 학교는 아칸소 주 세어시(Searcy)에 있는 현재의 자리로 옮겼다. 사업가 조지 페퍼다인(George Pepperdine, 1886-1962)은 1937년 로스앤젤레스에 페퍼다인 대학교를 설립하여 기부하였다. 이 대학은 우리 대학 가운데 확실한 재정 기반과 지역의 공신력을 얻은 최초의 대학이었다.

이 다섯 개의 대학은 '그리스도의교회들' 에 아직도 영향력이 큰데, 스톤-캠벨 운동이 강한 지역의 중앙, 즉 테네시, 아칸소, 텍사스에 위치하고 있다. 그들은 회중 중심으로 조직된 교회에 결집력을 제공하였다. 이 학교들은 지도자들을 훈련하고, 쟁점들을 토론하고, 모임들의 비공식적 네트워크를 형성했다. 그리고 이 모든 것들은

'그리스도의교회들' 의 정체성에 기여했다.

지도자들의 발전

'제자들' 과 '그리스도의교회들' 이 분열되는 시기에 세 사람의 지도자들이 20세기로 넘어가는 시점까지 계속 영향을 끼쳤다. 25년 동안 〈가스펠 애드버케이트〉의 사설을 통해 데이비드 립스콤은 전국의 '그리스도의교회들' 의 생각을 형성하는 데 도움을 주었다.

아마 그의 가장 독특한 가르침은 후에 《시민 정부》(*Civil Government*)라는 책으로 발행된 일련의 기사였다. 립스콤의 정부에 대한 급진적 견해는 그것이 하나님이 죄를 벌하는 방식이라는 것이었다(그는 그것을 지옥 자체로 비유하기조차 했다). 그래서 그는 그리스도인이 어떤 방법으로든지-투표, 직책 수행, 전쟁 지지-정부에 참여하는 것은 옳지 않다고 생각했다. 예수 자신이 모델이 된 유일한 예외는 세금을 내는 것이었다. 그는 하나님의 왕국이 모두에게 모든 것이 될 수 있게 하기 위해 그리스도인들이 그들의 문제를 정치적으로 해결하는 것을 포기하라고 강권했다. 인간 정부에 대한 그의 가르침은 상당한 기간 동안 남부 '그리스도의교회들' 에 영향을 주었다.

텍사스 주에서 립스콤의 사설 논쟁 상대는 오스틴 맥개리(Austin McGary, 1846-1928)였다. 그는 1884년 오스틴에서 〈펌 파운데이션〉(Firm Foundation)을 시작했다. 많은 점에서 맥개리는 립스콤보다 더 보수적이었다. 그는 〈펌 파운데이션〉을 침례교에서 '그리스도의교회들' 로 오는 사람들은 재세례를 받아야 한다고 주장하기 위한 포럼(토론장)으로 시작했다. 맥개리 역시 시민 정부에 대한 립스콤의 입장에 동의하지 않았다.

래리모어는 전국에 걸친 복음집회를 여는 힘든 스케줄을 계속했다. 여전히 논쟁점에 대한 입장 취하기를 거절하고, 오로지 그리스도라는 입장만 취했다. 그는 초대받은 곳이면 어디서든지, '제자들' 이건 '그리스도의교회들' 이건 설교하면서 점점 더 싸우고 분열하는 교회에 평화와 일치의 목소리를 내었다.

1920년대 새로운 세대의 지도자들이 나타났다. 하드먼(N.B. Hardeman)은 1921년 내슈빌의 유명한 라이먼 홀(Ryman Auditorium)에서 가진 일련의 집회로 '그리스도의교회들' 에서 가장 유명한 설교자가 되었다. 하드먼은 1923년, 1928년, 1938년, 1942년 내슈빌에 돌아와 다른 집회들을 인도했다. 이러한 '하드먼 장막 설교'(Hardeman Tabernacle Sermons)는 라디오로 생방송 되고, 지역 신문에 실리고, 후에 책으로 출간되었다. 설교에서 하드먼은 이 시기에 '그리스도의교회들' 이 직면한 중요한 쟁점들의 대부분을 논의했다. 중요한 쟁점들은 악기 사용 음악, 전천년주의, 오직 그리스도인들(Christians only)인 우리의 정체성을 포함했다.

포이 윌리스

포이 윌리스 주니어(Foy E. Wallace. Jr., 1896-1979)는 전천년주의뿐 아니라 교회의 모든 개혁에 반대했다. 윌리스는 다른 누구보다 '논쟁점에 대해 바른 것' 을 친교의 기준으로 삼았다. 그의 신문 〈바이블 배너〉(*Bible Banner*)의 전투 스타일은 스톤-캠벨 운동에서 많은 목회자들의 모델이 되었다.

G.C. 브루어

월리스보다 온건한 목소리를 낸 사람은 브루어(G.C. Brewer, 1884-1956)였다. 숙련된 순회 전도사 브루어는 전천년설과 같은 쟁점에서 월리스와 다른 사람들에게 동의했다. 그러나 그는 잘못된 가르침에 대한 반대는 많은 경우 불경건한 마녀 사냥이 되었다고 느꼈다. 그리고 좀더 점잖은 방식으로 '그리스도의교회들' 은 그들이 항상 그래야 한다고 주장해 왔듯이 진실로 비분파주의자가 되라고 호소했다.

인종 관계는 '그리스도의교회들' 이 당시의 문화에 역행하는 데 실패한 영역이었다. 그들 주변의 사회처럼 이때의 교회들은 서로 격리되었다. 결과적으로 흑인 '그리스도의교회들' 은 많은 면에서 별도의 정체성을 발전시켰다. 두 사람의 위대한 아프리카-아메리칸 교회 지도자들이 이 시기에 나타났다. 마셜 키블(Marshall Keeble, 1878-1968)은 위대한 전도자로, 그의 오랜 목회 사역 동안 3만 명 이상의 사람들에게 세례를 주었다. 바우저(G.P. Bowser, 1874-1950)는 흑인 '그리스도의교회들' 을 섬기기 위해 몇 개의 학교와 종교신문 〈크리스천 에코〉(*Christian Echo*)를 책임 맡은 교육자며 편집자였다.

마셜 키블

이 두 사람은 교회의 백인 파워 구조에 매우 다르게 접근했다. 키블은 백인들 사이에 인종 차별이 거의 없다고 주장하고, 백인 문화가 기대하는 방법대로 항상 겸손하고 공손히 행동했다. 그 결과 그는 교회 신문들로부터 칭찬을 받고 유명한 백인 교회 지도자들로부터 재정 지원을 받았다. 바우저는 백인 인종 차별에 반대하여 분명히 말하고 거의 전적으로 가난한 흑인 그리스도인들과 함께 일했다.

바우저에게 변화가 일어난 시점은 그가 1920년 아프리카-아메리카 학생들을 위해 '그리스도의교회들'이 지원한 새로운 학교, 즉 남부실업학원(Southern Practical Institute)의 교장으로 내슈빌로 이동했을 때였다. 그 학교의 백인 교장 도리스(C.E.W. Dorris)가 학생들은 문화에 따라 후문으로 학교 건물에 들어와야 한다고 주장했다. 바우저는 그것을 인종 차별이라고 불렀고, 이 차별에 참여하지 않고 내슈빌을 떠났다. 그 학교는 6주 만에 문을 닫았다.

쟁점과 분열

일찍이 1907년 교회 신문의 몇 기사들이 주일학교(Sunday School)에 대해 문제를 제기했고, 마침내 일부 지도자들이 주일학교에 반대했다. 그 이유는 주일학교가 교회(하나님의 백성들의 모임)를 분리시켰으며, (성경이 이에 대해 말하지 않으므로) 성경에 의해 인정되지 않았기 때문이다. 1925년에는 (주일학교에 반대하는) 신실한 설교자들과 교회들의 명단들이 〈아포스톨릭 웨이〉(*Apostolic Way*)와 같은 신문들에

공개되어, 주일학교가 없는 많은 교회들에게 다른 '그리스도의교회들' 과 교제를 끊는 장치를 제공했다.

또 하나의 다른 그룹이 예배의 문제로 분리해 나갔다. 주요 쟁점은 1920년대 많은 교회에서 성찬 때 사용한 다양한 개인용 컵이었다. 일부 교회들은 성경적 방식과 반대되는 이 혁신적인 일에 반대했다. 그들의 신문 〈올드 패스 애드버케이트〉(*Old Paths Advocate*) 주위에 모여 곧 별도의 친교 단체를 형성했다.

가장 심한 분리는 전천년설, 즉 그리스도가 재림하여 지상에 천년왕국을 세우리라는 설에 대한 문제로 일어났다. 〈가스펠 애드버케이트〉의 전면 편집자인 볼(R.H. Boll, 1875-1956)은 1915년 공공연히 전천년적 견해들을 유포하기 시작했다. 마침내 볼은 전에 뉴올리언스에서 발행된 자신의 신문 〈워드 앤 워크〉(Word and Work)를 편집하고 나서 켄터키 주 루이빌로 옮겼다.

R.H. 볼

영적으로 깊고, 신사적이며, 평화를 상징하는 사람인 볼은 결코 전천년설이 교회를 분리시키는 것을 원치 않았다. 그러나 성경의 예언적인 부분들은 재검토될 필요가 있다고 확신했다. 볼이 그 주제에 대해 쓰는 것을 계속하겠다고 했을 때, 볼의 견해에 반대하는 자들, 특히 월리스는 교회와 대학들이 전천년설을 의심하도록 부추겼다. 다시 말해, '그리스도의교회들' 에 지속적인 영향을 미친 것은 천년설의 문제가 아니라, 오히려 그 문제를 논의하는 사람들의 논쟁 스타일이었다. 잘못된 가르침에 반대하면서 편을 들고, 이름을 부르고, 온건한 생각에 대해 의심을 해야만 '그리스도의교회들' 이라고 할 수 있게 되었다.

고립과 배타의 증가

초기 '그리스도의제자들' 보다 더 이 시기의 '그리스도의교회들' 은 '신학' 이란 단어를 피했다. 자주 그들은 신학을 성경의 계시된 말씀과 대조되는 인간적 견해와 동일시하였다. 그러나 만약 신학이란 말이 기독교 신앙에 대한 반성을 의미한다면, 이 시기에 '그리스도의교회들' 은 신학을 발전시키고 있었다. 정말 이러한 반성은 보통 체계적인 방법으로 되는 것이 아니라 교회의 경험으로부터 생겼다. 이런 경험은 곧 규범, 즉 '그리스도의교회들' 이 기독교 신앙을 이해하는 방법이 되었고 우리의 정체성을 결정해 주는 표준이 되었다.

이 시기 '그리스도의교회들' 의 정체성을 결정해 주는 특징은 더 큰 사회로부터 고립이었다. 이런 고립은 크게 사회학적 요인 때문이었다. 우리의 교회들은 자주 문자 그대로 하위 계층에 있었다. 교인들 가운데 일부는 특히 내슈빌과 같은 도시 지역의 목회자들처럼 품위 있는 사람들이었지만, 우리는 대부분 가난하거나 노동 계급이었다.

더 넓은 문화적 의미에서 우리는 힘의 중심으로부터 멀리 떨어져 있었다. 이유는 우리가 20세기 초 남북전쟁과 재건의 경제 재앙으로부터 아직 회복 중에 있는 지역, 즉 남부에 가장 많이 거주하였기 때문이다.

우리가 고립된 또 다른 이유는 신학적이다. 립스콤의 《시민 정부》는 많은 사람들로 하여금 투표마저 피하게 만들었다. 이런 고립은 제1차 세계대전 때 가장 분명히 일어났는데, 이때 상당수의 '그리스도의교회들' 의 젊은이들이 싸우기를 거절했다. 대표적인 이유는 그리스도의 왕국은 이 세상에 속하지 않기 때문이었다. 달리 말하면, 우리는 도덕적 분리주의자들이었다. 이 시기의 많은 종교 그룹들처럼 우리는 마시고, 춤추고, 좋은 옷을 입고, 카드놀이를 하거나 영화를 보거나 하지 않았다. 우리는 또한 이 시기에 그런 행동들을 비합법적인 것으로 만들기 위한 도덕적 개혁운동에 다른 고백교인들과 함께 관여하기를 거절했다.

이런 문화적 분리주의와 종교적 고립은 연결되어 있었다. 이 시기 우리 교인들은 때때로 부흥회와 다른 종교 그룹의 예배에 참석했을 것이다. 많은 사람들은 여전히 자신들이 '그리스도의제자들' 과 교제하고 있다고 여겼다. 우리가 1930년대와 1940년대로 들어가면서 그런 상호 관계는 점점 적어졌다. 우리는 그리스도인의 일치에 대해서 거의 이야기하지 않았고 실천은 더 적게 했다. '그리스도의교회들' 이 진정 비분파적이 되어야 한다고 호소하는 목소리는 더 작아졌다. 대신 대부분의 사람들은 우리가 유일한 그리스도인이기 때문에 '교파들' 로부터 떨어져 있어야 한다고 생각했다.

이 시간 우리 가운데 하나로 연합하는 운동의 이야기는 이런 분파주의를 반영한다. 1930년대 '그리스도의교회들' 의 보수적 교인인 제임스 머치(James DeForest Murch, 1892-1973), 그리고 디트로이트 시의 '그리스도의교회들' 의 설교자인 클로드 위티(Claude Witty, 1877-

1952)는 두 그룹의 지도자들 사이에 일치에 관한 토의를 이끌었다.

인디애나폴리스의 1939년 모임에서 〈가스펠 애드버케이트〉의 기고자 레오 볼스(H. Leo Boles, 1874-1946)는 '그리스도인 교회들'(Christian Churches)에게 다음과 같이 말했다. 그들은 교파적이고 신앙을 떠났으며 그들이 항상 있어 왔던, 즉 신약에 근거해서 있어 왔던 곳에서 '그리스도의교회들'을 발견할 것이다. 그의 말은 '그리스도의교회들'에 속한 대부분의 교인들의 태도를 반영했다. 그리고 일치 운동을 마감했다.

이 견해, 즉 '그리스도의교회들'의 교인들만이 유일한 참 그리스도인들이라는 견해는 우리가 역사를 보는 방법에조차 영향을 끼쳤다. 점점 더 우리는 환원운동을 기존 교회를 개혁하려는 시도로 보지 않고, 신약교회는 캠벨 부자의 때가 재탄생할 때까지는 완전히 사라졌다고 믿었다. 그래서 비록 다른 교파 사람들이 그리스도인이라고 주장한다 해도 그들은 참 교회에 속하지 못했다.

3중 해석학과 신학적 논쟁

성경을 해석하는 방법에 대한 문제, 즉 해석학의 일은 처음부터 환원운동의 일부였다. 19세기 초 알렉산더 캠벨과 다른 사람들은 당시의 최고 학문을 반영하는 성경 해석 규칙을 발전시켰다. 1880년대 들어 성경을 해석하는 새로운 방법이 유행하고, 20세기에 들어 '그리스도의교회들'에 크게 보급되었다. 악기 사용 음악, 선교회, 주일학교, 개인용 성찬 컵에 대한 논쟁에서 생겨난 이 해석학은 성경이 인정하는 실천에 집중했다.

성경적 인정은 세 가지 방법, 즉 직접 명령, 허락된 행위, 필요한 추론 중 하나를 통해 가능했다. 우리는 성경이 악기를 사용하지 말고 찬송하라고 명령하고 있다고 생각한다. 사도행전의 예는 매주 성찬을 인정한다. 다양한 컵의 사용은 성찬 명령으로부터 필요한 추론으로 허락된다. (우리는 성찬을 하라고 듣지만 어떻게 성찬을 하라는 것인지에 대해서는 듣지 못한다). 흥미로운 것은, 다양한 컵들 혹은 주일학교에 반대하는 사람들도 동일한 해석학을 사용하지만 그 응용에 대해서는 일치하지 않는다는 사실이다.

이 해석학은 우리의 내부 논쟁뿐 아니라 다른 교회의 교인들과 하는 공식적 논쟁에서도 유효하다. 우리는 논쟁하는 사람들이었다. 우리의 목회자들은 침례와 구원의 순서에 대해 침례교인들과 논쟁했다. '그리스도인교회들' (Christian Churches)은 악기 사용 음악에 대해서, 전천년주의자들은 천년에 대해서, 다른 많은 종교 그룹들은 다양한 쟁점들에 대해서 논쟁했다. 결과적으로 '그리스도의교회들' 안에 우리 신학의 많은 것이 논쟁에서 형성되었다. 논쟁은 우리를 교리적 입장에서 극단으로 모는 경향이 있었다. 우리는 우리를 반대하는 사람들이 어느 중요한 점에서 옳다고 감히 인정하지 못했다.

그래서 우리는 그리스도인의 일치를 위해서 다른 신자들과 공통으로 가졌던 것을 강조하는 대신에, 다른 사람들과 상이한 곳에만 집중하였다. 이런 심리-우리는 이런 점들에서 그들과 같지 않다-가 우리를 더욱 고립시키고 배타적으로 만들었다. 복음을 전할 때조차 우리는 자주 예수로 시작하지 않고 '그리스도의교회들' 의 특성으로 시작했다.

형성의 시간

종교신문, 대학, 순회 전도자, 그리고 출판된 논쟁의 영향으로 '그리스도의교회들' 은 이 시기에 더 획일화되었다. 우리는 '교회 자치', 즉 각 교회는 독립적으로 신약성서로부터 자신의 실천을 결정한다는 사실을 믿는 반면, 놀랄 정도로 신앙이 일치하고, 쟁점에 동의하고, 예배가 유사하다. 종교신문은 이런 획일성을 강조했다. 불건전한 목회자들과 교회들은 신문에 기사화되었고 거짓 선생들로 찍혔다.

'그리스도의교회들' 은 이 시기 우리에게 가장 좋은 것을 포함한 특별한 형태를 갖게 되었다. 우리는 책의 사람들로 우리 주위의 사람들이 생각하는 것보다 더 성경이 말하는 것에 관심을 가졌다. 우리는 생활방식에서 약간 반문화적이고, 아메리칸 드림을 추구하는 것보다는 하나님의 나라를 찾는다. (비록 나중에 보듯이 우리 가운데 점점 더 많은 사람들에게 하나님의 왕국이 미국처럼 보였지만.) 우리는 전도를 하고 숫자상 성장하고 있었다. 가난한 자와 배고픈 자를 보살피고 신앙을 우리 자녀들에게 전했다.

애석하게도 '그리스도의교회들' 의 약점 가운데 많은 것이 이 시기에 발전하였다. 몇 가지 점에서(예를 들면 인종 관계) 우리는 여전히 너무 많이 남부 문화의 일부였다. 비록 우리가 가끔 일치와 오직 그리스도인들(Christians only)을 입으로 말했지만, 실제로 우리는 여전히 많은 사람들과 함께 명성을 얻었다. 즉 "그들은 자기들만이 천국에 가는 사람들이라 생각해." 많은 사람들이 논쟁은 많이 하고, 기도는 적게 한다. 그리고 교리적 정확성에 대한 좁은 견해를 획일화

시키려고 한다

그러나 항상 적당한 소수의 설교자들이 있었고, 그리스도인 일치에 대한 비분파적인 환원의 꿈을 계속 가졌던 다수의 교인들이 있었다. 그들이 우리가 비교단적이라고 말할 때 의미하는 것은, 우리가 유일한 그리스도인이라는 것이 아니라, 우리가 그리스도인들에게 교단적인 경계를 넘어서 성경에 계시된 대로 그리스도 안에서 하나님의 은혜를 가르치기를 원했다는 것이다.

토의 문제

1. '그리스도의교회들' 이 1906-1941년 동안 어마어마한 성장을 하게 된 이유가 무엇이라고 생각하는가?

2. 그리스도 대학들이 어떻게 '그리스도의교회들' 간의 결속력을 조장하는가? 무슨 방식으로 분열을 조장하는가?

3. 이 시기 '그리스도의교회들' 에 가장 영향력 있는 지도자는 누구였다고 생각하는가?

4. 많은 사람들로 하여금 '그리스도의교회들' 의 구성원들만이 유일한 그리스도인들이라고 믿게 한 요인은 무엇인가? 이것이 사실인가? 오늘날 많은 사람들이 여전히 이것을 믿는가?

5. 우리의 믿음과 신학을 논쟁을 통해서 발전시킬 때 위험은 무엇인가? 종교적인 논쟁은 도움이 되는가, 해가 되는가?

참고 도서

Harrell, David Edwin, Jr. *The Churches of Christ in the 20th Century: Homer Hailey's Personal Journey of Faith*. Tuscaloosa: University of Alabama Press, 2000. See Pages 39-80.

Hooper, Robert E. *A Distinct People: A History of Churches of Christ in the Twentieth Century*.

West Monroe, Louisiana: Howard Press, 1993. See pages 45-180.

Hughes, Richard T. *Reviving the Ancient Faith: the Story of Churches of Christ in America*. Grand Rapids: Eerdmans, 1996. See pages 117-219.

West, Earl Irvin. *The Search for the Ancient Order*, Vol 4. Nashville: Gospel Advocate, 1986.

5부

성장과 힘

11장 주류로 들어가는 교회: 1941-1967

Renewing God's People

11장

주류로 들어가는 교회: 1941-1967

제2차 세계대전의 여파는 '그리스도의교회들' 에게 전환점이 되었다. 종교와 성장은 전쟁 후 미국이 내건 슬로건이었다. '그리스도의교회들' 은 그 종교 부흥에 참여하였다. 전쟁 전에는 해외 선교사업이 상대적으로 거의 없었는데, 전쟁 후에는 지구 전체 특히 유럽에 교회를 개척했다. 지아이 빌(GI Bill)은 수백만의 봉사자들이 대학에서 학위를 받게 했다. 많은 사람들이 기존의, 그리고 새로 설립된 대학에서 수학했다. 새로운 회중, 교회 건물, 복음과 자선을 위한 프로그램은 우리가 교회로서 가야 할 길을 달리고, 급격히 성장하는 미국 중산층의 일부가 되고 있다는 것을 보여주었다. 짧게 말해 우리는 제2차 세계대전 후 미국 종교의 성장에 완전히 참여했다.

선교의 성장

제2차 세계대전에는 제1차 세계대전보다 더 많은 '그리스도의교회들' 봉사자들이 동참하였다. 이것은 우리 가운데 평화주의가 약화되었거나 두 전쟁 간의 성격이 달랐던 탓일 수 있다. 이유가 무엇이든, 많은 젊은 교인들이 전쟁을 하는 동안 시각을 확대하였고, 직접 다른 나라에 선교할 필요성을 보았다. 전쟁을 하는 동안 본국에 남은 많은 교회들은 전쟁이 끝날 때 선교사들을 파송할 계획을 세웠다.

오티스 게이트우드 가족

결과적으로 전쟁 후 세계 전체, 특히 전쟁에 패한 독일, 이탈리아, 일본에 선교사들을 보냈다. 이들 가운데 가장 잘 알려진 사람은 오티스 게이트우드(Otis Gatewood, 1911-1988)로 독일 프랑크푸르트에서 사역했다. 이 선교사들은 열정이 있고 용감했지만, 훈련이 되어 있지 않았다. 어떤 사람들은 그들이 도착한 나라의 언어를 거의 말할 수 없었다. 일반적으로 그들은 미국 교회의 실천들을 문화 차이를 배려하지 않고 해외로 수출했다. 그러나 그들은 교회를 개척하고 많은 사람들을 개종시켰다. 이 시기에 국제적 선교사역이 계속 성장하여 1946년 '그리스도의교회들'은 46명의 선교사들이 지원하였는데, 1967년에는 724명으로 증가했다.

이러한 성장을 위해 '그리스도의교회들'은 협력하고 공동으로 자원을 출자했다. 단독으로 한두 명의 선교사를 완전히 지원할 수 있는 정도로 큰 교회는 거의 없었다. 결과적으로 '지원하는 회중'(sponsoring congregation) 계획이 선교를 지원하는 방법이 되었다. 한 회중이 다른 교회들로부터 기금을 받아 현장에 있는 선교사들에게 분배하며 선교사역을 감독하는 것이다. 어떤 사람들은 이것이 교회를 선교회처럼 만드는 비성경적인 방법이라고 말했다. 선교 자체가 아니라 교회가 선교사들을 지원하는 방법에 대한 반대가 '그리스도의교회들' 안에 무제도 논쟁(noninstitutional controversy)의 원인이 되었다.

교육의 불길

용사들의 귀환, 그들에게 무상 교육을 시켜준다는 지아이 빌의 서명, 전쟁 후 경제의 성장, 이 모든 것들이 크리스천대학의 숫자와 그들 대학에 학생 등록을 증가시켰다. 프리드-하드먼, 하딩, 페퍼다인 모두 학생 숫자가 증가하고, 새로운 건물과 학과를 추가하고, 인증을 얻기 위해 프로그램을 향상시켰다. 증가하는 프로그램을 위한 기금을 마련하기 위해 대학들은 교회, 교인, 그리고 점점 더 많은 비즈니스 지도자들에게 향했다. 1936-1965년 동안 하딩 대학의 총장이었던 조지 벤슨(George S. Benson, 1898-1991)은 특별히 적의에 가득 찬 반공산주의와 통제받지 않는 자유 기업을 강조하는 조직인 국립교육프로그램을 실행하기 위해 비즈니스 지도자들을 찾아 나섰다.

조지 벤슨

'그리스도의교회들'은 이 시기에 몇 개의 새 대학을 시작했다. 모든 대학은 초급대학으로 시작해서 후에 4년제 학교가 되었다. 이 대학에는 다음과 같은 대학들이 있다. 앨라배마 크리스천대학(1942년 설립, 1985년 포크너 대학교로 개명), 플로리다 크리스천대학 (1944년 설립, 1963년 플로리다 대학으로 개명), 오클라호마 크리스천대학(1950년), 오리건 주의 컬럼비아 크리스천대학(1956년 설립, 후에 폐교했다가 1994년 오클라호마 크리스천대학의 관리 아래 캐스케이드 대학으로 개교), 네브래스카 주의 요크 대학(1956년), 텍사스 주의 루복 크리스천대학(Lubbock Christian College, 1957년), 서부 버지니아 주의 오하이오 밸리 대학(1958년), 미시건 크리스천대학(1959년 설립, 1997년 로체스터 대학으로 개명), 펜실베이니아 주의 노스이스턴 크리스천대학(1959년 설립, 1993년 오하이오 밸리 대학과 합병), 아칸소 주의 크라울리즈 리지 대학(Crowley's Ridge College, 1964년 설립).

슬픈 일은 우리 대학의 대부분이 인종적으로 분리되었다는 것이다. 결과적으로 교인들은 아프리카계 미국인 학생들을 위하여 두 개의 학교를 시작했다. 내슈빌 크리스천협회는 1940-1967년 동안 고등부 흑인 학생들에게 봉사했다. 텍사스 주 테럴(Terrell)에 있는 사우스웨스턴 크리스천대학은 1950년에 시작되어 계속해서 지금까지 모든 인종의 학생들에게 봉사했다. 바우저(G.P. Bowser)는 직접 어느 학교를 설립한 건 아니지만, 이 두 학교는 '그리스도의교회들' 소속 흑인 학생들을 교육하려는 바우저의 노력을 계승했다.

건물, 프로그램, 사역

1956년 파월(J.M. Powell, 1907-2004)과 노블 영(M. Norvell Young, 1915-1998)에 의해 출간된 《세워지고 있는 교회》(*The Church is Building*)는 이 시기 교회에서 일어난 변화를 반영한다.

브로드웨이 교회
(Lubbock ca. 1960)

이 책은 교회 건축이 아니라 매력적이고 적당한 교회 건물의 중요성에 집중한다. 이런 강조는 우리 교회의 역사 초기 대부분의 교회들이 빌린 공간이나 자원하여 지은 한 칸짜리 건물에서 모였던 사실에 연유한 강력한 호소였다. 파월과 영은 새 건물들이 교회의 프로그램을 수행할 방을 제공하여 복음 전도와 교회 성장에 도구가 될 수 있다고 주장했다.

그런 프로그램들은 베이비붐의 어린아이들을 위한 확대 주일학교, 예배 인도자 훈련반, 부인반, 개인 전도반을 포함하였다. 개인들과 교회는 고아원, 청년, 그리고 노인들을 돌보는 간호원을 설립했다. 아마 이런 모든 행위에 모범이 된 교회는 메디슨 그리스도의교회였다. 이 교회는 1952년 약 400명의 교인에서 1966년 3천 명으로 성장하여, 이 시대 가장 큰 그리스도의교회가 되었다. 이 교회의 열정적 목사인 아이라 노스(Ira North, 1922-1984)는 1959년 《주인에게 나아갈 수 있다》(*You can March for the Master*)를 저술했다. 이 책은 교회 성장을 도와줄 수 있는 기술과 프로그램을 자세히 설명하고 있다.

아이라 노스

이 시기에 교회들은 더 전문화된 사역자들을 갖기 시작했다. 과거에는 많은 '그리스도의교회들' 이 지역 교회 목사를 갖지 않았다. 이런 목사를 가진 교회들은 단 한 분의 설교자 혹은 전도자를 가졌다. 1960년대부터 많은 교회들은 교육 목사, 청년 목사, 그리고 캠퍼스 목사들을 임원으로 가졌다.

두 개의 전국적인 프로그램으로 '그리스도의교회들' 은 더 넓은 문화 속에서 영향력 있는 교회가 되고 있었다. 1952년 텍사스 주 애빌린 소재 하일랜드(Highland) 그리스도의교회가 "진리의 보도자"(Herald of Truth)라는 전국 라디오 프로그램의 지휘권을 넘겨 받았고, 바로 그것을 확장하여 텔레비전도 포함하게 됐다. 하일랜드는 지원을 보내는 다른 회중들과 함께 그 프로그램을 지원하는 교회였다(많은 교회들이 선교에서 동일한 방법을 취했다).

1959년 뱃셀 백스터(Batsell Barrett Baxter, 1916-1982)는 텔레비전 프로그램 진행자가 되었고, 이것으로 향후 20년 동안 미국에서 가장 유명한 '그리스도의교회들' 의 교인이 되었다.

뱃셀 백스터

1964-1965년 뉴욕 세계 박람회는 '그리스도의교회들' 에게 전국적인 인상을 심어 준 또 다른 기회를 주었다. 프로테스탄트 센터(Protestant Center)에 지어진 교회의 전시는 중앙의 위치에 있어 많은 관심을 끌었다. 전시 그 자체와 함께 영화 상영, 몇 개의 전도 모임들이 방문객들을 교회에 소개했다.

선교, 건물, 대학, "진리의 보도자" 라디오 프로그램과 세계 박람회장 같은 교회 프로젝트는 '그리스도의교회들' 안에 새로운 양식의 저널리즘을 호소했다. 비록 〈펌 파운데이션〉, 〈가스펠 애드버케이트〉가 이 시기에 큰 영향을 미쳤고, 각기 교회에 대한 소식을 실었지만, 올란 힉스(Olan Hicks)에 의해 1943년에 시작된 새 잡지 〈크리스천 크로니클〉(*Christian Chronicle*)은 이런 새로운 모험을 조장하는 선두에 섰다. 결국 1981년 이후 오클라호마 크리스천대학에 의해 발행된 〈크리스천 크로니클〉은 '그리스도의교회들' 가운데 가장 많이 유통되는 잡지가 되었다.

논쟁과 분리

그러나 이런 성장은 모두 대가를 치렀다. 전후 종교적 성장을 이루었다는 것은 '그리스도의교회들' 이 사용한 전도 방법이 혁신적이었다는 것을 의미했다. 우리가 본 대로 그것은 역시 선교, 교육, 대중 매체를 통해 전도를 지원하는 교회들 간의 재정 협력을 의미했다. 고아원과 크리스천대학 같은 주변 교회 기구들도 성장의 일부였다.

어떤 사람들은 새로운 방법이 세상의 명성을 얻으려는 욕구에서 나왔다고 비난하고, 또 더 넓은 문화에서 '그리스도의교회들' 의 이름을 얻게 했다며 이 성장을 의심의 눈으로 보았다. 과거의 논의가 다시 수면에 떠올랐다. 어떤 사람들은 1800년대 후반 '제자들' 의 선교회가 비성서적이라면, '지원하는 교회' 의 기금 조성 방법을 지원하는 교회를 똑같이 성서에 어긋나는 '선교회' 로 만든 것이라고 주장했다. 그들은 역시 교회 기금으로 고아원과 크리스천대학을 지원하는 것을 비난했다. 개인은 그것들을 지원해도 좋지만 교회는 아니다.

〈가스펠 가디언〉(*Gospel Guardian*)의 편집자인 패닝 탠트(Fanning Yater Tant, 1908-1997)는 교회가 학교와 고아원을 지원하는 것과 '지원하는 교회' 제도에 반대하여 '그리스도의교회들' 모두에 익숙한 무기, 즉 성경의 침묵이라는 무기로 싸웠다. 성경이 이런 교회 조치를 언급하지 않기 때문에 하나님은 그들을 정죄하였다. 그런 조치를 찬성하는 교회와 개인들은 오류에 빠져 있고 '교단들' 보다 나을 것이 없다. 그와 다른 사람들 역시 교회에 의해 지원받는 제도들, 즉 대학, 고아원, 선교와 다른 것들을 향한 움직임은 교회가 더 넓은 문화(교회 밖 세상)의 성공 심리로 부패하였다는 것을 반영한다.

그래서 무제도주의(noninstitutionalism)는 1920-1930년대 '그리스도의교회들' 을 특징짓기 시작한 배타성과 분파주의를 반영했다. 제도주의(institutionalism)를 반대했던 많은 사람들은 '그리스도의교회들' 의 교인들만 유일한 그리스도인들이라고 믿었을 뿐 아니라 그들 가운데 많은 사람들이 비성서적인 행위를 실천하는 거짓 그리스도인들이라고 생각했다.

이런 쟁점들은 교회 신문에서 강하게 논의되었다. 무제도적 입장을 강하게 반대했던 사람은 〈가스펠 애드버케이트〉의 편집자인 굿페스처(B.C. Goodpasture, 1895-1877)였다. 1950년대 중반 양편의 표현이 강해져서, 한 세대 전에 전천년 교회가 그랬던 것처럼 회중들이 분리되고 교회가 갈라졌다. 오늘날 무제도 '그리스도의교회들' 은 2천 개 교회를 넘고 교인 수는 12만 명이다. 탬파(Tampa)에 있는 플로리다 대학은 이 그룹과 연결되어 있다.

문화 교회

이 시기 '그리스도의교회들' 의 성장은 다른 결과를 가져왔다. 우리 회중들 가운데 많은 교회들은 좋은 건물을 짓고, 교육받은 목사들을 고용하고, "진리의 보도자"(Herald of Truth)와 세계 박람회와 같은 전국적인 노력과 연결되었을 때, '그리스도의교회들' 의 교인이 되는 것이 사회적으로 인정받을 수 있게 되었다. 이것이 우리가 달려야 할 트랙을 건너 중산층 교회가 되었던 때였다. 교인 대부분은 더 이상 가난한 농부나 근로층이 아니었다. 교회 내에는 의사, 법률가, 사업가, 그외 영향력 있는 사람들이 있다. 결과적으로 교회는 20세기 초에 그랬던 것처럼 문화적으로 소외되지 않았다.

교회 안의 이런 문화적 변화는 정치적 변화에서 볼 수 있다. 1960년대 초 '그리스도의교회들' 의 대부분의 구성원들, 특히 남부에 있던 사람들이 민주당에서 공화당으로 이동했다. 이런 변화의 일부는 1960년 존 케네디(John Kennedy) 민주당 후보 때문이었다. 많은 보수 개신교인들과 함께 '그리스도의교회들' 의 거의 모든 사람은 천주교 대통령에 반대했다. 그 변동에 대한 더 깊은 이유는 아마 우리가 중산층이 되고 빈민의 당인 민주당으로부터 멀어졌기 때문이었다.

이런 변화는 정치제도에 대한 선택적인 참여로 이어졌다. 예를 들면, 인종 통합을 위해 일하는 것은 교회가 피해야 할 '정치적 쟁점' 이었다. 공산주의, 알코올 판매, 혹은 진화에 반대하는 것이 교회가 개입해야 할 사안이었다. 간단히 말해, 우리의 경제 상태의 변화는 사회 정의로 이어지는 변화에 거의 관심 없이, 우리로 하여금 정치적인 현상 유지를 지지하게 했다.

교회가 정치적으로 변화되는 반면, 신학적으로는 변하지 않았다. 어떤 변화가 있다면 전 시대에 발전된 배타적 분파주의가 1940년대와 1950년대에는 당연하게 여겨졌다. 우리는 교회를 환원하는 데 별로 관심이 없었다. 이유는 우리가 벌써 교회를 환원시켰기 때문이다. 대신 우리는 '그리스도의교회들' 을 유일한 진정한 교회로 보존하고 지키는 데 집중했다. 교회 안의 높은 교육 수준에도 불구하고 창의적인 생각은 거의 없었다. 우리는 크게 전 세대의 대답을 반복하고 주장하는 데 만족했다.

그래서 우리가 (교회 밖) 넓은 문화에 더 친밀해진 반면, 우리는 점점 더 우리가 유일한 그리스도인들이라고 생각했다. 이것은 교리와 삶 사이의 엄격한 단절로 이어졌다. '그리스도의교회들' 의 많은 교인들은 미국 문화의 표준에 근거하여 정치 지도자들을 지원했다. 그러나 그들은 진정한 교회와 논쟁점에서 옳았기 때문에 여전히 구원에 대해 확신했다. 이 시기에 그들의 입장에서 모순을 볼 수 있었던 사람은 거의 없었다. 미국적 삶의 방식과 성경적 그리스도교 사이에 어떤 불일치가 있을 수 있었는가?

이런 불일치는 '그리스도의교회들' 의 인종 관계에서 가장 분명했다. 호건(R.N. Hogan, 1902-1997) 같은 아프리카계 미국인 전도자들은 담대하게 교회가 인종주의에 대해 회개하고 변화하라고 호소하였다. 반면, 교회의 백인 지도력에서 나온 문제에 대해서는 거의 완전히 침묵했다. 교회 신문이 인권운동을 언급했을 때, 그들은 일반적으로 그것을 정치적 공산주의자에 의해 고무된 혹은 폭력적인 것으로 정죄했다. 우리는 고아들을 돌보는 방법에 대한 입장 차이로 분리되었다. 그러나 인종주의에 대해서는 침묵했다. 왜인가? 이유는 우리가 모든 문제들에 대해 교리적으로 흠이 없어야 한다고 생각했고, 그렇지 않다면 기존 문화를 따랐기 때문이다.

이것은 우리의 성장이 불순한 동기에서부터 왔다는 것을 내포하지 않는다. 수천의 사람들이 개인 전도, 가족 관계, 대중 매체로 인하여 '그리스도의교회들' 로 더 입교했다. 우리의 대학들은 규모, 학생 수, 교육의 질에서 향상되었다. 교회와 목사의 수도 증가했다. 그러나 이 시기 '그리스도의교회들' 은 스톤-캠벨 운동, 즉 교회를 환원하려는 노력은 적었고, 미국의 시온에서 편안히 안주하는 교회가 되려고 했다.

토의 문제

1. 제2차 세계대전 후 '그리스도의교회들' 이 해외 선교를 많이 하려고 노력한 이유는 무엇이었는가? 이런 노력의 강점과 약점은 무엇이었는가?

2. '그리스도의교회들' 의 구성원들이 1941년 이후 많은 새로운 대학들을 설립한 이유는 무엇이었는가? 고등 교육의 확산이 '그리스도의 교회들'에 준 영향은 무엇이었는가?

3. 1960년대 후반까지 '그리스도의교회들' 이 인종 관계에 대해 취한 입장은 무엇이었는가?

4. 무제도 논쟁에 개입된 문제들은 무엇이었는가? 이것들은 신학적 문제들인가, 사회적 문제들인가?

5. 1950-1960년대 교회들이 지원한 두 개의 전국적인 프로그램에 대해 기술하라. 이 프로그램들은 '그리스도의교회들' 이 미국에서 차지한 위치에 대해 무엇을 말하는가?

6. 이 시기 '그리스도의교회들' 은 무슨 방법으로 더 주변 문화와 같이 되었는가? 무슨 방법으로 우리가 반문화로 남아 있거나 반문화적이 되었는가?

참고도서

Harrell, David Edwin, Jr. *The Churches of Christ in the 20th Century: Homer Hailey's Personal Journey of Faith*. Tuscaloosa: University of Alabama Press, 2000. See Pages 80-175.

Hooper, Robert E. *A Distinct People: A History of Churches of Christ in the Twentieth Century*. West Monroe, Louisiana: Howard Press, 1993. See pages 181-249.

Hughes, Richard T. *Reviving the Ancient Faith: the Story of Churches of Christ in America*. Grand Rapids: Eerdmans, 1996. See pages 220-306.

West, Earl Irvin. *The Search for the Ancient Order*, Vol 4. Nashville: Gospel Advocate, 1986.

다양성, 침체, 오는 시대

12장 정체성의 위기: 1967-현재

Renewing God's People

12장

정체성의 위기: 1967-현재

1966년과 1967년, 새 책과 새 잡지가 '그리스도의교회들' 에 변화의 신호를 알렸다. 그 책은 아이라 라이스 주니어(Ira Y. Rice Jr., 1917-2001)가 쓴 《뿌리에 내린 도끼》(*Axe on the Root*)였다. 20세기 초 유행한 전투 스타일로 라이스는 '그리스도의교회들' 특히 우리 교육제도 내부의 '자유주의' 를 공격했다.

아이라 라이스

1970년 그는 월간 잡지 〈신앙을 위한 투쟁〉(*Contending for the faith*)을 시작했는데, 여기서 그는 유일한 그리스도인들이라는 '그리스도의교회들' 의 정체성으로부터 교회를 멀어지게 인도하는 사람들을 계속 거명했다.

이와 대조적으로 1967년 '그리스도의교회들' 소속 몇몇 지도자들은 진보 사상의 목소리를 내기 위해 〈미션〉(*Mission*) 잡지를 창간하였다. 이 잡지는 우리가 신약성서 교회를 완전히 회복했다고 가정하는 대신 진리 추구에 집중했다. 〈미션〉은 의도적으로 더 넓은 사회에 관한 논제들, 곧 빈곤, 인종주의, 월남 전쟁을 말하고, 교회가 성경을 읽는 방법과 환원으로 우리가 의미하는 것을 재고하라고 호소했다.

양적 성장과 이후의 침체

이런 출판물들은 완전히 다른 두 경향, 즉 분파적인 보수주의와 더 열린 진보주의(이 두 경향의 분리는 20세기 말에 더 분명해지는데)를 반영하였다. 그러나 1960년대와 1970년대 내내 '그리스도의교회들'의 다수가 두 극단 사이의 넓은 중간 지대를 형성하였다. 그러나 여전히 스펙트럼의 보수 쪽 극단으로 기우는 경향이었다. 일반적으로 이런 교회들은 프로그램을 계속하고 전쟁 후 세대의 태도를 영구화했다.

'그리스도의교회들'은 1980년 내내 숫자상 계속 성장했다. 이 시기에 작성된 교인 통계는 일반적으로 (우리의) 숫자를 부풀렸다. 더 최근의 통계에서는 우리가 1965년 915,000명에서 1980년 1,240,820명으로 증가되었다. 1980년 숫자는 우리 교인 수를 계산하는 데 처음으로 포괄적인 시도를 한 맥 린(Mac Lynn, 1934-)으로부터 나온 것이다.

우리 운동이 크게 성장하는 장기적인 경향은 1980년대에 끝났다. 1990년 미국에서 우리의 교인 수는 1,284,056명이었고, 2000년에는 1,264,152명이었다. 2000년의 교인 숫자는 국제 (미국 외) '그리스도의교회들' 교인 수를 포함하지 않기 때문에, 이것은 교인의 감소라기보다는 평준화이다. 대조적으로 미국 선교사의 수는 (1967년 724명에 비하여) 660명으로 감소했지만, 미국 외 '그리스도의교회들' 교인 수는 1990년에 747,568명으로 증가했다. 1999년 선교사의 수는 824명으로 증가하고, 미국 외 교인의 수는 100만 명에 근접했다.

우리가 1980년대와 1990년대에 성장에 실패한 이유는 무엇인가? 많은 대답이 가능하다. 전쟁 후 종교적 붐은 끝났다. 우리가 한 세대를 전도하는 데 사용한 전도 방법은 더 이상 통하지 않았다. 일부 교회는 전도의 강조로부터 가난한 자들에 대한 사회 사역의 강조로 선회했다. 미국 사회는 종교를 떠난 사람들을 관용하는 문화로 변했다. 또 포스트모더니즘 쪽으로 문화가 변동하여 교회를 환원하는 이성적인 접근은 더 이상 수용되지 않았다.

이유야 무엇이든 확실한 것은, 우리가 숫자적으로 침체한 것은 부분적으로는 '그리스도의교회들' 의 교제에서 발생한 긴장의 결과였다. 이러한 긴장은 우리의 회중들을 더 다양하게 하고 우리 운동의 정체성에 위기를 가져왔다.

보수와 진보적 제도

《뿌리에 내린 도끼》와 《미션》잡지 사이의 차이에서 보이듯이, 우리 사이의 긴장은 두 방향에서 왔다. 한편으로는 자신을 '보수' 라고 부르는 그룹이 발달하였다. 이 이름은 약간 애매하다. 왜냐하면 실제로 '그리스도의교회들' 의 모든 교인들은 성경적으로 보수여서 성경이 영감되어 권위가 있다고 믿기 때문이다. 그러나 이 보수 그룹은 '그리스도의교회들' 특유의 구성원보다 훨씬 더 편협하였다. 그리고 그들은 우리야말로 유일한 그리스도인들이고, '그리스도의교회들' 대부분은 자유주의에 빠졌으며, 우리는 우리의 역사 초기-1920년대와 1930년대의 엄격한 전투적 시대-를 모방해야만 한다고 주장했다.

보수들은 종교에 대한 고등교육은 믿는 목회자들이 아닌 회의적인 학자들을 양산하였다고 믿으며, 우리 크리스천대학의 가르침에 분개했다. 결과적으로 그들은 자신의 교육제도, 즉 설교학교(the School of Preaching)를 설립했다. 2000년에 이런 학교가 약 50개 정도 있었는데, 이들 학교는 개별 회중에 의해 유지되고, 등록 학생은 적었는데, 때로는 12-20명이 되었다. 어떤 학교들은 다른 이유로 설립되었는데, 대부분은 우리 대학에 나타난 '자유주의' 에 대한 반응에서 시작되었다. 대학과는 대조적으로 대부분의 학교들은 자격증(학위가 아니라)을 제공했고, 인증을 얻으려 하지 않고 그들의 교과 과정을 거의 전적으로 성경의 내용에 맞추었다.

더 큰 설교학교들 가운데 많은 것들은 '그리스도의교회들' 보수파에 형태와 방향을 주는 연례 강좌를 지원한다. 성경의 책들에 대한 강의조차 일차적으로 '교단들' 과 '그리스도의교회들' 다수의 신앙으로부터 출발한다. 이러한 강좌 가운데 가장 큰 것에 속하는 것들은 텍사스 덴턴(Denton)의 펄 스트리트에서 하는 덴턴 강좌, 플로리다 주 펜서콜라의 벨뷰(Bellview) 강좌, 그리고 멤피스 설교학교가 지원하는 강좌이다.

보수들은 그들의 신문을 가지고 있다. 〈컨텐딩 포 페이스〉(*Contending for the Faith*)에 덧붙여 가장 잘 알려진 신문은 오랫동안 '그리스도의교회들' 잡지인 〈펌 파운데이션〉이다. 1983년 보수파는 그 신문을 샀고, 윌리엄 클라인(William Cline, 1940-1991)과 버스터 돕스(H.A. Buster Dobbs, 1926-)를 편집자로 임명했다. 1969년 보수파 지식인 토머스 워렌(Thomas B. Warren, 1920-2000)은 〈스피리튜얼 스워드〉(*Spiritual Sword*)를 시작했다. 철학박사 학위를 가진 워렌은 1970년대 후반 테네시 성경학교를 포함한 설교자 훈련학교에서 가르치기 위해 이동하기 전, 프리드－하드먼과 하딩 대학교 신학대학원에서 가르쳤다. 이 세 대학에 추가하여 발행 부수가 적은 다수의 보수 신문들이 있다. 모두가 비슷한 잡지 형태, 즉 '거짓 선생들'의 이름을 대고 교회와 대학의 '오류'를 지적하는 형태를 띤다. 많은 경우 그들은 다른 보수 신문들을 이단이라고까지 비난한다.

'그리스도의교회들'의 반대편은 '진보들'이라고 불렸다. 매우 보수적인 '그리스도의교회들' 출신의 칼 케처사이드(W. Carl Ketcherside, 1908-1989)와 리로이 가렛(Leroy Garrett, 1918-)은 이런 태도를 가진 첫 사람이었다. 1950년대 후반에 시작하여 두 사람은 편협한 분파주의에서 스톤-캠벨 운동의 모든 흐름을 연합하는 사업으로 돌아섰다. '진보들'은 특별히 우리 대학들에 영향을 미쳐왔다. 이 시기에 설립된 유일한 새로운 대학은 텍사스 주 오스틴에 있는 기독교연구소(Institute for Christian Studies, 2001년 오스틴 신학대학원으로 개명)였다. 동 연구소는 텍사스 대학교에서 오랫동안 강의된 성경 강의로부터 성장하였다.

'그리스도의교회들'의 기존 대학들은 학술적으로 계속 성장하였고, 초급 대학 중 크라울리즈 리지를 제외한 모든 대학들은 단과대학으로 승격하였고, 몇몇 학교들은 대학원 프로그램을 시작하여 종합대학교가 되었다.

페퍼다인 강의

대학들은 학생들과 연례 강의를 통해 계속 교회에 영향을 끼쳤다. 수천 명이 페퍼다인 대학교와 애빌린 대학교의 강의를 수강했다. 덧붙여 교회 그룹들이 지원한 강의 중 몇 개는 진보 세력이 되었다. 이런 것들은 '그리스도의교회들'의 교인들이 모이는 두 개의 가장 큰 집회, 즉 툴사 구령회 워크숍(Tulsa Soul Winning Workshop, 1976년에 시작)과 내슈빌 주벨리(Nashville Jubilee, 1989년에 시작하여 2000년에 끝남)를 포함하였다. 아마 가장 영향력 있는 진보 잡지는 1992년에 시작된 〈와인스킨스〉(*Wineskins*)이다.

루벨 셸리

이 잡지의 편집자 가운데 한 사람인 루벨 셸리(Rubel Shelly, 1945~)의 삶은 개인적으로 '그리스도의교회들' 내부에 보수-진보의 양극을 반영해 준다. 보수 측의 젊은 지도자로서 셸리는 진보적 교수들과 불건전한 교회들을 비난하는 데 가장 큰소리를 내었다. 그러나 성경과 환원운동의 역사에 대한 그의 개인적 연구로, 셸리는 유일한 그리스도인들이 아닌 단지 그리스도인들이 되자는 우리 운동의 역사적 호소를 포용하게 되었다(1984년 그가 쓴 책의 제목 《나는 단지 그리스도인이 되고 싶어요》(*I just Want to be a Christian*)에 나타난 것같이). 결과적으로 보수들은 지금 '그리스도의교회들' 의 진보주의자들 중 다른 어떤 지도자보다 더 자주 셸리를 비난한다.

해석학, 문화, 그리고 유산

보수 측과 진보 측을 분리시킨 기본 문제는 해석학 혹은 성경 해석이다. 보수 측은 성경을 현대 '그리스도의교회들' 의 조직과 실천에 대한 상세한 규범으로 보기를 주장한다. 그들은 일반적으로 성경 구절을 명령, 보기, 추론의 렌즈, 즉 20세기 초 유명해진 3중 해석학을 통해 성경을 본다(제10장 참고).

1960년대 후반 '그리스도의교회들' 의 몇 명의 학자들이 이 3중 해석학이 정말로 성경에서 그리스도인들과 관련된 모든 것들에 대한 답을 줄 수 있는가를 의심하기 시작했다. 가장 영향력 있는 사람들 중 한 사람은 애빌린 크리스천대학교와 페퍼다인 대학교의 교수인 토머스 올브리히트(Thomas H. Olbricht, 1929-)였다. 올브리히트와 다른 사람들은 엄중한 질문을 던졌다. 역사에서 하나님의 강력한 행위를 강조하는 것이 더 성경적이 아닌가? 성경에서 여러 가지 형태의 문학(시, 법, 예언, 설화)을 더 진지하게 다루고 각 형태에 따라 다른 해석적 접근을 해야 하지 않을까?

토머스 올브리히트

보수 측은 성경을 이해하는 데 더 다양하게 접근하자는 이 호소를 신(新)해석학으로 정죄했다. 이 논쟁에서 문제가 된 것은 성경의 침묵에 대한 논의였다. 성경의 침묵은 우리 역사에서 다양하게 해석되었다. 토머스 캠벨은 성경의 침묵이 그리스도인들을 분열해서는 안 된다고 생각했다. 후에 악기 사용 음악과 선교회에 대한 성경의 침묵은 그런 실천들을 정죄하는 데 사용되었다. 무제도에 관한 논쟁에서 침묵 논의는 교회가 대학, 고아원, 선교사 후원 교회를 정죄하는 데 사용되었다.

그래서 침묵에 대한 논의는 '그리스도의교회들'에서 항상 문제가 되어 왔다. 그 논의를 일관되게 적용하는 것은 불가능하게 되었다. 대부분의 사람들은 침묵이 악기 사용 음악은 금지하나 교회 건물, 지역 교회 설교자들, 다수의 개인용 성찬 컵, 교회의 지원을 받은 고아원은 허락한다고 말할 것이다. 소수는 이런 문제에 동의하지 않을 것이다. 성경 해석에 대한 더 넓은 접근은 침묵을 항상 금지로도, 항상 허락으로도 취급하지 않는다. 대신 특정한 실천에 대한 성경의 침묵은 영적인 판단을 요구한다. 이 실천은 하나님의 성품을 반영하는가? 그것이 교회를 세우는가? 그것이 구속에 대한 성경적 이야기와 일치하는가?

보수들에게 그런 접근은 너무 개방적이다. 대신 그들은 성경의 침묵은 어떤 것이든 새로운 행위를 정죄한다고 주장한다. 최근에 이런 주장은 손뼉 치기, 손들기, 예배 리더들의 팀 사용 같은 예배 형식의 변화에 맞추어져 있다. 이것은 보수와 진보 사이에 또 다른 분열, 문화에 대한 그들의 접근 방식을 예시해 준다. 그들은 과거 미국의 기독교의 좋은 시절을 동경하면서 자신의 하위문화를 이야기하는 데 만족한 것같이 보인다. 진보들은 문화와 상호 작용하며, 복음을 전파할 새로운 방법과 사고 형식을 발견할 필요를 느낀다. 때때로 그들이 우리의 전통적인 신앙과 실천을 쉽게 버릴 위험이 있다 해도 말이다.

진보와 보수 사이의 투쟁은 역시 우리의 역사에 대한 투쟁이다. 두 그룹은 모두 성경을 계승했다고 주장한다. 두 그룹 가운데 어떤 사람들은 환원운동을 계승했다고 주장한다. 또 다른 사람들은 우리는 역사가 없다고까지 주장하면서 우리가 아무것도 계승하지 않기를 원한다. 우리가 계승한 그룹은 어느 그룹인가? 보수들은 1930-1940년대 대부분의 '그리스도의교회들' 의 사고방식에 의해 형성되었다. 이 시기에 우리는 우리가 유일한 그리스도인들이라는 믿음에 하나가 되었고, 전천년설 같은 거짓 가르침은 허락되지 않았으며, 이름을 부르고, 반대자들과 교제하지 않는 전투 형식이 규범이었다. 진보들은 스톤과 캠벨 부자가 자신들을 유일한 그리스도인들이 아니라 단지 그리스도인들이라고 보고, 성경의 기초 위에서 그리스도인의 일치를 호소했던 우리 운동의 초기 시절을 가리켰다.

정체성 위기

교회에 대해 보수와 진보 사이의 분명한 차이는 "'그리스도의교회들' 의 교인인 우리는 누구인가?" 라는 질문을 일으킨다. 정체성에 대한 이런 혼란에 우리 교회들 사이에 증가된 다양성이 추가된다. 자신을 보수나 진보의 극단에 놓는 교회나 대학은 거의 없을 것이다. 대신 1980년대와 1990년대에 비록 주류가 천천히 진보적인 극으로 이동하고 있었지만, '그리스도의교회들' 에는 여전히 넓은 중도 혹은 주류가 있었다.

이 중도 층의 가장 대표적인 사람이 루엘 레먼스(Reuel Lemmons, 1912-1989)인데 그는 오랫동안 〈펌 파운데이션〉, 〈이미지〉 지의 편집자였다. 레먼스는 가끔 반대자들, 특히 무제도 그룹의 반대자들에 가혹했다. 이후 그는 자주 보수와 진보를 비판하며, 두 파 사이에 있는 중도 층을 조정하려고 했다. 그의 생애 말년에 그의 글의 논조와 내용은 변화되어 더 진보적이 되었다. 레먼스에 의한 이런 변화는 교회의 중도 층이 천천히 덜 배타적이고 개연적인 입장으로 이동한 것을 반영한다.

그러나 21세기 '그리스도의교회들' 의 중도 혹은 극단들을 확인하는 것은 더 어렵다. 1940년대와 1950년대 회중들 가운데 있던 큰 획일성은 많이 없어졌다. 교회와 개인들은 이혼과 재혼, 예배에서 여성의 역할, 셀 수 없이 많은 다른 문제들에 대해 많은 차이를 가졌다. 교회, 신문, 대학, 그리고 유명한 설교가들은 그 차이를 좁히는 데 영향을 주지 못했다.

환원운동 초기 지도자들의 일치 메시지를 구체적으로 실현해 보려는 시도들이 있었다. 1984년에 시작하여 '그리스도의교회들' 의 몇 지도자들이 유사점과 차이점을 토의하기 위해 '그리스도인 교회들', '그리스도의교회들' 의 지도자들과 매년 환원 포럼에서 모임을 가졌다. 지도자들은 양 그룹이 환원운동에서 공통의 전통을 갖고 있어 어느 정도의 교제에 도달할 수 있기를 희망했다.

'그리스도의교회들' 내부에 있는 우리가 유일한 그리스도인들이 아니라는 생각을 받아들이면서 많은 개인과 교회는 다른 기독교 그룹들, 특히 보수 복음주의자들의 사역에 동참해 왔다. 복음주의 청년운동, 프라미스 키퍼스(Promise Keepers)는 1990년대 중반 '그리스도의교회들' 로부터 많은 사람들을 그들의 대중 집회로 끌어갔다. 어떤 회중들은 빌리 그레이엄(Billy Graham) 운동을 지원하였다. 다른 회중들은 다양한 교단들을 가진 지역 연합 모임에 관련되었다. 이 움직임을 보여주는 표지는 '그리스도의교회들' 의 목사인 맥스 루케이도(Max Lucado, 1955-)가 저술한 책들이 복음주의자들과 다른 그리스도인들 사이에 유명해진 것이다.

물론 보수들은 '그리스도의교회들' 밖에 그리스도인들이 있다는 것을 부정하고, 다른 그리스도인들과 가까이하려는 모든 움직임에 반대했다. 많은 보수들은, 신실한 교회는 '그리스도의교회들' 의 더 큰 조직으로부터 분리하라고 호소했다.

'그리스도의교회들' 내부에서 분열은 일어나지 않았다. 한 그룹의 교회들은 많은 사람들이 이교(異教)와 유사한 것으로 보는 특정한 형태의 복음주의와 제자도를 주장하면서, 1990년대에는 "국제 그리스도의 교회들"(International Churches of Christ, ICOC)이라는 별도의 정체성을 생각했다. 2004년의 일이지만, ICOC와 '그리스도의교회들' 의 지도자들은 회개와 화해를 시작하기 위해 애빌린 크리스천대학교에서 만났다. 어떤 사람들은 '그리스도의교회들' 이 다시 좌파와 우파로 분열될 것이라고 예측한다. 그러나 거기에는 아직 화해의 다른 증거가 있다.

2006년은 '그리스도의교회들' 과 '그리스도인 교회들' (혹은 '그리스도의제자들') 사이에 거의 완전한 분열을 기록한 종교 단체 조사 후 100년이 지난 해였다. 그 해에 일어난 놀랄 만한 일련의 사건들은 그 분열의 상처 중 일부를 치료하는 데 도움을 주고, 목회 사역에서 상호 인정과 협력을 조장했다.

1984년 '그리스도의교회들' 의 구성원들과 독립 '그리스도인 교회들' 사이에 시작된 연례 환원운동 포럼이 애빌린 크리스천대학교와 2월 강의들(February Lectures)과 함께 열렸다. 3월 초 세 흐름으로부터 온 구성원들로 조직된 위원회가 만나 토머스 캠벨의 〈선언과 제언〉 200주년 기념식과 연결된 사건을 계획하였다. 2달 후에 튤사 구령회(Tulsa Soul Winning Workshop)가 양 그룹 출신의 연사들을 대서특필했다. 6월 스톤-캠벨 대화가 예배하기 위해 모인 수백 명과 함께 내슈빌에서 모였다. 이 대화는 1999년 환원운동의 세 개의 주요 흐름 사이에 대화와 이해를 진작하기 위해 시작되었다. '그리스도인 교회들' (독립교회)에서 가장 큰 연례 대회인 북미 그리스도인 대회(North American Christian Convention)는 '그리스도의교회들' 과 '그리스도의제자들' 로부터 온 연사들과 교사들을 포함하였다.

분열의 결과로 온 깊은 적개심과 이 세 교회 사이에 발생한 차이는 완전히 없어지지 않았다. 그러나 이들과 2005년 《스톤-캠벨 운동의 백과사전》(*Encyclopedia of the Stone-Campbell Movement*)의 제작은 교회들 사이에 일어나 증가되고 있는 화해에 주요한 요소였다. 여전히 세계 곳곳에 있는 환원운동의 구성원들을 연결시키는 다른 주요한 자리는 '그리스도의교회들 세계대회'(World Convention of Churches of Christ)였다. 1930년 친교를 증진하기 위해 시작된 세계 대회는 4년마다 모인다(2004년 영국 브리튼, 2008년 테네시 내슈빌). 그러나 대부분의 사람들에 대한 봉사는 아마 세계 환원운동에 대한 정보를 주는 정보 센터로서의 세계대회의 매일 사역이다.

영적 각성

'그리스도의교회들' 사이의 분열에 대해 관심이 있는 동안, 많은 사람들 사이에 일어나고 있는 화해의 증거는 다른 희망의 사인들과 함께 고무적이다. 그런 사인 중 하나는 우리 사이에 성령의 사역에 대한 강조가 증가하고 있다는 것이다. 1970년대 은사적 부흥은, 비록 한두 교회가 은사적이 되어 그 운동을 떠났다 할지라도 '그리스도의교회들'에 직접적인 영향은 거의 없었다. 그 부흥은 '그리스도의교회들'로 하여금 우리가 역사적으로 소홀히 했던 주제, 즉 성령에 대한 우리의 가르침을 재고하게 했다.

어떤 사람들은 성령을 완전히 성경 안에 포함시키길 원하지만, 성경 연구는 교회의 대부분의 사람들에게 성령은 그리스도인들 안에 살고 있으며 사람들에게 능력을 주어 봉사할 수 있게 한다는 확신을 주었다.

새로운 세기의 초에 우리 가운데 영적 각성의 사인이 있었다. 젊은 세대는 특별히 기도, 연구, 금식 같은 영적 훈련에 더 흥미를 가지고 실천했다. 이 젊은 그리스도인들은 지난 시대의 교리적 논쟁보다 기독교 삶과 가난한 자를 돕는 일에 더 관심이 있다. 훨씬 더 이른 시기의 말에서처럼 그들은 '더 기도하고 덜 논쟁하기' 를 원했다.

토의 문제

1. 1980년 이후 '그리스도의교회들' 이 성장에 실패한 이유는 무엇인가?

2. '그리스도의교회들' 의 '보수들' 에 대해 간략하게 서술하라.
보수들이 교회에서 영향을 끼친 방법은 무엇인가?
보수들은 '그리스도의교회들' 이 무엇이 되기를 원하는가?

3. '그리스도의교회들' 의 '진보들' 에 대해 간략하게 서술하라.
진보들이 교회에서 영향을 끼친 방법은 무엇인가?
진보들은 '그리스도의교회들' 이 무엇이 되기를 원하는가?

4. 일부 사람들이 이전 시대의 '3중 해석학' 을 의심한 이유는 무엇인가? 3중 해석학의 성경 접근의 장점과 단점은 무엇인가?

5. 성경의 침묵은 어떤 실천을 금지 혹은 허락하는가?

6. 우리는 기도는 더하고, 토의는 적게 하고 있는가? 우리는 그렇게 해야 하는가?

7. '그리스도의 교회들'의 구성원들 사이에 '영적 훈련' 에 대한 의식과 참여가 증가된 이유는 무엇인가?

참고도서

Childers, Jeff W., Foster, Douglas A., and Reese, Jack R. *The Crux of the Matter: Crisis, Tradition, and the Future of Churches of Christ*. Abilene: ACU Press, 2000.

Foster, Douglas A. *Will the Cycle Be Unbroken? Churches of Christ Face The 21st Century*. Abilene, Texas: ACU Press, 1994.

Harrell, David Edwin, Jr. *The Churches of Christ in the 20th Century: Homer Hailey's Personal Journey of Faith*. Tuscaloosa: University of Alabama Press, 2000. See Pages 176-218.

Hooper, Robert E. *A Distinct People: A History of Churches of Christ in the Twentieth Century*. West Monroe, Louisiana: Howard Press, 1993. See pages 181-249.

Hughes, Richard T. *Reviving the Ancient Faith: the Story of Churches of Christ in America*. Grand Rapids: Eerdmans, 1996. See pages 220-306.

Lynn, Mac. *Churches of Christ in the United States*, 2000. Nashville: 21st Century Christian, 2000.

Olbricht, Thomas H. *Hearing God's Voice: My Life with Scripture in Churches of Christ*. Abilene: ACU Press, 1996.

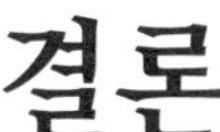

결론

13장 피난민 운동으로서 미래를 향하여

Renewing God's People

13장

피난민 운동으로서 미래를 향하여

'그리스도의교회들' 의 미래는 어떻게 되어야 하는가? 이에 대한 답은 질문하는 방식에 달려 있다. "미래는 어떻게 예정되어 있는가?" 라는 질문은 마치 우리가 통제할 수 없는 운명의 손에 있는 것 같이 들린다. 아마 우리는 이렇게 질문해야 한다. " '그리스도의교회들' 은 미래에 어떤 길을 가야 하는가?" 그러나 이 질문은 바른 길을 선별하는 데 우리 능력에 너무 많은 믿음을 주고 있다. "하나님은 '그리스도의교회들' 이 어떻게 되기를 원하시는가?" 이것이 바른 질문이다. 우리는 하나님이 미래를 쥐고 있다고 알고 있다. 우리가 바라고 기도하는 것은 일하시는 하나님의 손을 선별하고 그분의 뜻에 순종하는 것이다.

나는 미래를 아는 예언자가 되기를 원하지 않는다. 그러나 '그리스도의교회들' 의 미래 방향을 위해 선별과 지혜를 기도한다. 우리가 이전 12개의 장에서 서술한 전통의 맥락에서 우리는 하나님이 다음과 같은 방향으로 우리를 인도하신다고 믿는다.

환원되고 계속 환원하는 교회

환원운동의 원래 꿈은 교회가 잃었던 실천과 위임받은 것을 교회에 회복시킴으로써 그리스도인들에게 일치를 가져다주는 것이었다. 집을 복원하는 은유를 사용해 다시 말해 보자. 집의 일부는 원래대로이고 건전할 수 있다. 후의 첨가물은 제거될 필요가 있다. 교회에게도 마찬가지다.

'그리스도의교회들' 은 1세기 교회로 환원했는가? 대답은 '예' 이면서 '아니오' 이다. 아니, 더 나은 대답은 환원한 곳에서 환원했고, 환원하지 않은 곳에서 환원하지 않았다. 우리는 스톤과 캠벨 부자의 종교적 배경에서 소홀히 되었던 실천들을 회복함으로써 교회에 큰 공헌을 했다. 신자의 침례, 매주 성찬, 회중 찬송, 지역 교회 리더십은 다른 그리스도인 그룹들에게 보여줄 수 있는 건강한 증거이다. 우리는 다른 많은 사람들이 일치의 정신에서 그 실천들을 수용할 바로 그때 그런 실천들을 버려서는 안 된다.

그러나 많은 영역에서 우리는 신약의 실천들을 완전히 환원하지 않았다는 것을 인정해야 한다. 우리는 초기 그리스도인들이 경험했던 영성과 기도 생활의 깊이를 갖고 있지 않다. 우리는 그들이 가끔 자신의 재산과 생명을 희생해서라도 행했던 대로, 주도적인 문화에 도전하지 않는다. 우리는 그들의 생활에 스며들었던 그리스도의 재림에 대한 기대를 갖지 않는다. 이런저런 많은 영역에서 환원은 끝나지 않은 일이다.

환원의 전체 이념을 실행하는 것은 불가능한가? 그것은 통합 대신 분열적인가? 일부 사람들은 그렇다고 생각한다. 우리가 완전하게 교회를 환원하고 우리만이 유일한 참 그리스도인이라고 가정한다면, 아마도 그들은 우리가 계승한 것 중 가장 나쁜 것에 응수하고 있다. 이런 가정에서 많은 사람들은 환원할 필요를 더 이상 느끼지 않고, 단지 보전할 필요만 있다고 느꼈다. 우리의 재건 프로젝트는 수비해야 할 요새가 되었다. 어떤 사람들은 너무 자주 배타적이 되고 우쭐하고 거만하게 되었다.

성경관이 너무 협소하면 환원을 잘못 이해할 수 있다. 우리는 성경의 모범에 따라 하나님의 집을 복원하고 있다. 그러나 해석학에 대한 최근의 논의는, 성경이 교회에 대해 서술한 것은 청사진과 같은 것이 아니라는 것이다. 대신 그것은 가능한 하나님의 집에 대한 진정한 서술, 즉 그 집의 설계자, 건축자로부터 서술한 것이다.

그래서 환원주의는 우리가 그것을 달성된 목표 대신 여행으로 볼 때 비로소 실행될 수 있다. 이것이 스톤과 캠벨 부자의 꿈과 더 일치한다. 우리는 환원되고 항상 환원하고 있는 교회가 되고 싶다. 우리는 현행의 성경적 실천들을 버리지 않고 우리가 소홀히 한 다른 실천들을 다시 찾고 있다. 우리는 우리 전통 가운데 가장 좋은 것을 보존하고, 하나님이 부르신 새로운 세대인 우리의 모습을 향하여 움직인다. '그리스도의교회들' 은 현재 우리 교회의 모습과 되고자 하는 우리 교회의 모습, 즉 주님의 삶과 성품을 완전히 구현한 교회의 모습을 서술한다. 우리는 아직 거기에 있지 않다. 그러나 그곳을 향한 여정에 있다.

성경에서 이 여정은 자주 순례로 묘사된다. 불행히도 우리를 '순례자' (Pilgrims)로 부르는 것은 여전히 미국적 성공 이야기에 너무 많이 동참하는 것이다. '순례자들' (Pilgrim Fathers)은 우리의 마음에 플리머스 언덕, 첫 추수감사절, 유럽 정착인들의 분명한 운명, 순례하는 백성의 성경적 그림과는 전혀 다른 것을 떠오르게 한다. 아마 더 나은 용어는 '피난민' (refugee)이다. 피난민들은 힘도 없고 집도 없다. 그들은 한 집을 떠나 더 나은 집을 찾는다. 그들은 아직 도달하지 않았고 여정 중에 있다.

우리는 피난민들로 살 필요가 있다. 그러나 피난민들이 집을 환원하는 것에 대해 걱정하는 이유는 무엇인가? 피난민들은 환원주의자들이 될 수 있는가? '피난민' 과 '환원주의자' 는 모두 우리가 하나님에 대해 갖는 관계에 대한 은유이다. 모든 예에서처럼, 이들은 그 한계를 갖고 있다. 먼저 두 은유는 부딪히는 것같이 보인다. 우리는 두 은유가 서로에게 도움이 된다고 생각한다. 우리는 교회에 어떤 성경적 태도와 실천을 환원하고 싶다. 그러나 우리는 신앙의 여정에 있는 사람들처럼 그것을 해야 한다. 그 신앙은 우리가 완전히 신약교회를 회복했다는 확신에 기초한 것이 아니라, 우리를 새 예루살렘, 즉 하나님 자신이 우리 가운데 거할 참 하나님의 집으로 가는 길로 인도하는 구원자에 기초한 것이다.

'그리스도의교회들' 은 십자로에 서 있다. 우리는 우리 문화에 아주 익숙한 교회, 즉 다른 힘 있고 성공한 사람들을 기쁘게 하려는 힘 있고 성공한 사람들의 교회일 수 있다. 우리는 우리가 완전히 환원된 교회라고 믿으면서, 우리가 진리의 한 구석을 가지고 있기 때문에 변화를 거절하는 교회가 될 수 있다. 혹은 피난민의 운동이 될 수 있다. 우리는 평화의 왕에게 피난처를 찾기 위해 우리의 성공과 물질주의로부터 도망할 수 있다.

피난민들은 간단하게 차리고 여행한다. 그들은 변화를 원한다. 그들은, 교회는 그리스도가 교회를 하나님 아버지에게 선사할 때까지, 결코 되어야 할 교회, 즉 그리스도의 흠 없는 신부가 완전히 되지 않을 것이라는 것을 아는 환원의 여정에 있다.

유일한 그리스도인들이 아닌 교회

우리의 피난민 여정에 있는 이정표 가운데 하나는 '그리스도의 교회들' 내부에 있는 우리만이 유일한 그리스도인들이 아니라는 것을 받아들이는 것이다. '유일한 그리스도인들(the only Christians)이 아니라 단지 그리스도인들(simply Christians)' 은 이 스톤-캠벨 운동의 초기 표어 중 하나였다. 초기 지도자들은 이런 단어를 진지하게 생각했다. 그들은 정당하게 자신들이 그리스도를 따르려고 하는 유일한 그리스도인들이 아니라는 것을 인정했다.

토머스 캠벨의 〈선언과 제언〉은 '모든 교단들의 형제들' 을 향한 것이었다. 알렉산더 캠벨은 자주 침례교와 장로교 교회에서 설교했고, 거기에 있는 사람들을 그리스도 안에 그의 형제들이요, 자매들이라고 주장했다. 데이비드 립스콤과 다른 사람들은 계속하여 우리만이 유일한 그리스도인들이라고 주장하는 분파주의에 반대하여 경고했다.

그렇다면 '그리스도의교회들' 내부에 있는 우리 가운데 많은 사람들이 우리만이 그리스도인들이며, 교단에 속하는 모든 사람은 잃은 자라고 믿도록 양육된 이유는 무엇이었는가? 우리가 앞서 10장과 11장에서 본 것처럼, 이런 배타성은 '그리스도의교회들' 이 수많은 논쟁에서 다른 교회들에 대해 독특한 정체성을 확립한 20세기 초반에 자라났다. 우리가 분파적으로 되고 있다고 생각한 립스콤과 다른 사람들의 두려움이 사실로 드러났다. '단지 그리스도인들' (simply Christians) 혹은 '그리스도인들일 뿐' (Christians only) 대신 우리는 우리가 완벽하게 환원된 교회라고 가정하였다. 이런 시각을 지지하는 자들은 그들의 입장에 찬성하지 않는 자들을 단순히 잘못된 그리스도인들이 아니라 거짓 그리스도인들로 낙인 찍었다.

이런 배타성은 자주 우리는 교단이 아니라는 우리의 주장을 반영했다. '그리스도의교회들' 은 교단인가? 다시 분명한 대답은 "예스이고 노" 이다. 아니 더 좋게, 그 대답은 여러분이 교단이라는 말로 뜻하는 것이 무엇인지에 달려 있다. 만약 우리가 '특정한 이름을 가진 사람들이나 물건들의 집합' 이라는 보통의 사전적 정의를 취한다면 우리는 우리가 교단이라는 것을 인정해야 한다. 우리는 우리가 '그리스도의교회들' 로 의미하는 사람들이 누구인가를 안다. 우리는 특정한 이름을 가진다. 우리는 '그리스도의교회' 설교자, '그리스도의교회' 대학, '그리스도의교회' 신문을 가지고 있다. 우리가 아니라고 말하고 또 교단이라고 인정하기를 거절할 때 사람들은 혼돈하게 된다.

다른 면에서 보면 우리는 보통 형태의 교단을 가지고 있지 않다. 우리는 공식적인 대표자도 없고, 총본부도 없고, 우리의 지역 회중을 넘어 공식적인 지도자도 없다. 우리는 특별한, 그러나 유일한 교회가 아닌, 즉 회중 중심의 교단이다.

더 중요하게 '그리스도의교회들' 내부의 우리의 영적 선조들은 교단주의라는 단어 혹은 그 실재에 편안해하지 않았다. 그들은 교단적 한계를 그리스도인 연합에 고정된 장애물로 보았다. 그들은 그리스도인들에게 자신들의 교단을 떠나서 우리의 것으로 오라는 것이 아니다. 교단적 한계를 넘는 교회, 즉 여정에 있는 교회의 비전을 잡으라고 호소했다.

우리의 역사 초기에 스프링필드 노회(Springfield Presbytery)를 설립한 자들은 그 노회가 너무나 많이 교단적이어서, 그 노회는 "죽어서 그리스도의 몸으로 들어가야 한다"고 결정했다. 우리가 많이 교단적이 되어 우리 역시 동일한 일을 해야만 하는가? 우리가 '그리스도의교회들'이라고 부르는 체제와 연상되는 것 가운데 많은 것이 하나님 나라가 완전히 도래하기 위해 사라져야 되는 것은 아닌가? 그러나 지금 '그리스도의교회들'이라고 부르는 것이 사라진다 해도 우리는 여전히 다음과 같은 많은 문제들에 직면할 것이다. 즉 우리 자신을 무엇이라고 불러야 하는가? 어떻게 예배해야 하는가? 누구와 교제해야 하는가? 스프링필드 노회가 사라지고 난 후 남은 자들은 동일한 종류의 문제들에 직면했다. 우리는 그 문제들을 피할 수 없다.

그래서 오늘날 우리는 우리가 교단인가 아닌가에 대해 세 가지 선택에 직면해 있다. 우리는 우리만이 유일한 그리스도인이며, 그래서 교단이 아니라고 계속 주장할 수 있다. 이것은 실제로 우리를 배타적이며 편협한 분파주의자로 만든다. 아니면 우리가 다른 교단들과 나란히 한 교단이라는 것을 받아들일 수 있다. 우리는 유일한 그리스도인들이 아니라 특정한 방식으로 사는 그리스도인들이다. 우리는 다른 교단들로부터 배우고 또 그들을 가르치는 '개명된 교단'이 될 수 있다.

아니라면 아마 제3의 길이 있다. 우리는 지금 탈기독교적, 혹 탈현대적이라고 부르는 문화 속에서 살고 있다. 그것은 교단을 포함하여 모든 제도를 의심하는 문화이다. 많은 사람들에게 유명 브랜드의 종교는 의미가 없다. 이 문화에서 우리는 우리의 초기 지도자들이 상상했던 것, 즉 배타적인 분파도 아닌, 다른 교단들과 나란히 가는 교단도 아닌, 모든 사람들을 그리스도를 통해서 하나님께 돌아가라고 호소하는 교회와 사회 안에 있는 운동이 될 수 있다.

'운동' 은 오늘날 '그리스도의교회들' 내부에 있는 많은 사람들이 '교단' 을 피하기 위해 사용하는 단어이다. 그러나 운동이란 언어는 순례자의 언어이다. 그것은 피난민의 언어이다. 만약 우리가 우리의 교단적 이름, 즉 '그리스도의교회들' 을 가볍게 걸치고, 우리의 제도적 실천 중 많은 것을 덜 고정된 것으로 여길 수 있다면, 다시 크게는 교회의 선을 위한 운동이 될 수 있다. 우리는 우리의 동료 순례자들을 우리와 함께 여행하도록 초대할 수 있다. 우리는 유일한 그리스도인들(the only Christians)이 아니라 그리스도인들일 뿐(Christians only)이다.

그런 운동은 다른 이름과 다른 실천을 가진 그리스도인들이 우리에게 가르치는 것에 열려 있어야 한다. 그런 피난민 운동은 우리가 할 수 있는 어떤 방법으로든 다른 그리스도인들과 협력해야 할 것이다. 만약 우리가 의식적인 차이 때문에 그들과 함께 예배할 수 없다면 우리는 그들과 함께 다른 사람을 섬길 수 있다. 음식과 교제를 위해 만날 수 있다. '우리' 대 '그들' 의 장벽들을 무너뜨릴 수 있다. 화해될 수 있고 화해할 수 있다.

민족을 위해 기도하는 집

그런 운동은 우리가 항상 되고 싶어했던 선교사 교회가 될 것이다. 선교와 전도는 단순히 특정 그리스도인들에게만 해당하는 일이 아니라, 교회의 정체성의 핵심이 되어야 할 것이다. 선교는 우리의 존재 자체이다. 전도는 사람들을 우리 브랜드 기독교로 모으는 것이 아니라 모두를 향한 하나님의 통치를 선언하는 것이다.

예수님이 환전상을 성전에서 몰아내실 때 (이사야서를 인용하시면서) 말씀하셨다.

> "내 집은 만민의 기도하는 집이라 칭함을 받으리라 그러나 너희는 강도의 굴혈을 만들었노라"(막 11:17).

하나님은 '그리스도의교회들' 을 포함하여 그의 집이 만민을 위한 집이 되기를 원하셨다.

대신 우리는 인종 관계에서 넓게 미국 문화를 따랐다. 아프리카계 미국 노예들은 여전히 문화와 교회에서 인종주의의 아픔에 직면해 있지만, 아주 이른 시기부터 우리 운동의 구성원이었다. 그러나 남북전쟁 이후 우리는 일반적으로 격리주의 문화를 따랐고, 그들을 별도의 교회로 내몰았다. 이것은 특별히 1906년 이후 '그리스도의 교회들' 이 가장 많은 남부 문화에서 그랬다.

그러나 주목할 만한 예외가 있었다. 1907년 한 형제가 백인 내슈빌 지역 교회에서 '유색 소녀' 의 참석을 반대했을 때, 데이비드 립스콤은 〈가스펠 애드버케이트〉에서 강력하게 응수했다. "나는 분명하게, 그리고 진심으로 말한다. 인종에 따라 따로 모이는 교회의 개념은 신약성경의 정신과 규정에 어긋나며, 인종이나 가족 때문에 하나님의 자녀와의 교제를 거절하는 것은 예수님 자신과 교제를 거절하는 것이다." 그것은 오늘날 아주 분명하고 온화하기조차 한 진술같이 보인다. 그러나 1907년 인종주의 문화와 싸우는 것은 큰 용기가 필요했다.

안타깝게도 립스콤의 복음에 대한 분명한 진술은 '그리스도의교회들' 에 잊혀졌다. 우리는 별도의 교회, 학교, 신문을 가진 격리된 운동이 되었다. 거의 예외 없이 우리는 인권운동의 선두에 서지 않았다. 우리 구성원과 교회의 대부분은 이 운동에 반대하기까지 했다. 교회 밖 세상의 문화가 변화하고 나서야 비로소 '그리스도의교회들' 이 통합되기 시작했다. 우리 대학이 흑인을 받게 된 것은 정부의 재정 압박이었지 복음이 아니었다.

우리는 또한 교회에서 남성과 여성의 견해에 대해 문화를 너무 많이 따랐다. 이 책 전체를 통해 여러분은 교회에서 유명한 여성의 이름은 거의 발견하지 못할 것이다. 이것은 여성이 중요하지 않아서가 아니다. '그리스도의교회들' 에서 중요한 일 중 많은 것, 즉 가난한 자 봉사, 슬픈 자 위로, 그리고 어린이들에게 주의 길을 가르치는 것은 여성에 의해 수행되었다. 그러나 가시적 지도력을 행사한 여성은 거의 없었다. 보통 알렉산더 캠벨의 두 번째 부인인 셀리나 캠벨(Selina Campbell)과 같이 지도자로 인정받은 자들은 그들 남편의 영향을 공유했다.

가시적 지도력을 행사한 여성의 부족은 부분적으로 '그리스도의 교회들' 이 당시의 여성 종속 문화를 받아들인 결과이다. 대신 우리는 남성과 여성의 역할에 대해 성경적이기를 원한다. 여성은 적어도 신약성경에서 가졌던 동일한 가시성을 가져야만 한다. 신약성경에서 여성은 예수님을 재정으로 지원하고, 바울과 함께 선교사로서 사역하고, 심지어 그들의 가정에서 교회 모임을 갖기조차 했다. 스톤-캠벨 운동의 초기 지도자들은 모두 교회에서 여성 집사의 역할을 지원했다. 우리는 여성을 가정에 있는 그들의 자리로 돌려보내서는 안 된다.

물론 오늘날 우리의 태도는 다르다. 우리는 교회에서 공공연한 인종주의자와 성차별주의자를 만난다. 그러나 우리 태도의 변화는 항상 실천의 변화로 귀결되는 것은 아니다. 오늘날 문제는 단순히 흑인과 백인 혹은 남성과 여성 사이의 관계에 관한 것이 아니다. 다문화 세계가 우리의 이웃까지 왔다. 모든 민족, 부족, 언어로부터 온 사람들이 문 밖에 산다. 이것은 '그리스도의교회들' 에게 신약교회의 다문화주의를 회복하는 기회를 준다. 우리는 모든 민족을 위한 기도의 집이 될 수 있다.

어떻게? 어디에서 시작해야 하는가? 회개로부터 시작해야 한다. 우리는 우리의 영적 선조들의 죄와 우리 자신의 잠재적인 인종주의를 고백해야 한다. 회개는 공개적 사과와 일치를 상징하는 행위를 포함한다. 그러나 우리는 상징적 행위를 넘어 실질적인 변화로 움직여야 한다. 우리의 이웃이 바뀔 때, 우리의 교회를 도시 중심으로부터 멀리 옮기는 것을 거절해야 한다. 대신 우리가 있는 곳에서 민족들에게 사역해야 한다. 그것은 우리가 다른 문화에 적응하기 위해 기꺼이 우리에게 편하고 친숙한 예배 형식을 희생해야 한다는 것을 의미한다. 우리의 예배 언어는 영어에서 스페인어, 중국어와 다른 많은 언어로 변해야 한다.

간단히 말해, 피난민 운동은 피난민을 환영해야 한다. 우리는 우리 교회를 위해 성공의 아메리칸 드림을 좋은 건물, 비싼 옷, 사치스런 차, 힘 있는 사람들과 함께 버려야 한다. 우리는 예수님이 포용한 그룹들과 동일한 그룹, 즉 가난한 자, 아픈 자, 그리고 힘없는 자들을 포용해야 한다. 하나님의 은혜로, 우리는 풍요의 문화를 피하고, 다른 사람들과 함께 우리 모두가 기도할 수 있는 집으로 피난갈 수 있다.

머리와 마음을 위한 기쁜 소식

'그리스도의교회들' 의 미래는 제도적인 순례 이상의 것이다. 즉 그것은 영적인 순례이다. 우리의 과거는 마음을 변하게 하는 대신, 머리에 확신시키는 데 크게 집중했다. 두 개 모두 필요하다. 우리는 우리 아버지께 순종하기를 원하기 때문에 바른 교리를 갖기를 원한다. 그러나 교리는 삶으로 변화되어야 한다. 너무나 오랫동안 우리는 교회의 구조를 회복하는 데 만족해 왔고, 정의, 자비, 신실과 같은 더 비중 있는 일들에 소홀했다.

이상적인 것은 전자가 후자로 이어지는 것이다. 알렉산더 캠벨이 〈고대 질서의 환원에 대하여〉(On the Restoration of the Ancient Order of Things)라는 일련의 논문을 썼을 때, 그의 꿈은 매주 성찬, 신자의 침례, 지역 교회 리더십의 회복 등 더 영적으로 훈련된 교회가 되는 것이었다. 그것은 교리를 위한 교리가 아니었다. 그것은 그와 다른 초기 지도자들이 반대했던 바로 그것, 즉 '썰렁한 정통 교리' 였다. 대신 매주 주의 성찬은 영적 축제, 곧 예수님의 죽음에 경험적으로 참여하는 것이었다. 세례는 구원과 화해에 진정한 확신을 주는 것이었다. 우리가 장로들을 임명해야 하는 것은 우리가 바르게 조직되어야 하기 때문이 아니라, 깊은 영적 지도자들이 다른 사람들을 예수님과 더 친근한 관계를 맺도록 인도할 수 있게 하기 위한 것이다.

피난민 운동은 영적인 훈련으로 오는 도전, 위로, 확신을 필요로 한다. 〈스프링필드 노회의 최후 유언과 증언〉(The Last Will and Testament of the Springfield Presbytery)이 말하듯이, 우리는 "더 많이 기도하고, 더 적게 논쟁해야 한다." 우리 가운데 영적 각성의 사인이 있다. 우리가 참으로 그리스도가 원하는 교회가 되어야 한다면 우리는 하나님의 성령이 보낸 그 영성을 회복하고 개발해야 한다.

주여, 속히 오소서

'그리스도의교회들' 의 미래에 한 가지 확실한 것은 우리의 주가 다시 오신다는 것이다. 우리는 때때로 이 진리를 소홀히 하고 오해했다. 알렉산더 캠벨과 다른 사람들은 우리가 교회를 회복함으로써 그리스도의 오심을 서두르게 할 수 있다고 믿었다. 불행히도 그 천년적 희망은 바로 미국 공화국의 영광스런 미래와 합해졌다. 캠벨과 다른 사람들은 바로 미국의 성공과 하나님 나라의 도래를 혼돈했다.

우리의 역사 후반, 우리는 전천년 그리스도인들을 '그리스도의 교회들' 의 주류 밖에 있는 그들 자신들의 교회로 들어가게 했다. 결국 우리는 요한계시록과 재림의 기대에 소홀했다. 예수님의 재림에 대해 많이 말하지 않았다. 그분이 어떻게 재림할 것인지 몰랐다. 그냥 우리가 전천년주의자들이 아니라는 것만 알았다. 우리는 하나님 나라가 교회에 완전하게 임했다고(우리는 이 교회를 완전히 '그리스도의 교회들' 과 연상시키는데) 가정하였고, 종말에 하나님 나라의 도래가 정점에 이르리라고 기대하지 않았다.

우리는 과거의 후천년 혹은 전천년 혹은 무천년 논쟁을 다시 여는 것이 건강하리라고 생각하지 않는다. 피난민 교회로서 우리가 필요로 하는 것은 우리가 피난처로 도망가야 할 한 사람을 상기하는 것이다. 예수님은 우리를 그와 영원히 함께하기 위해, 데려가기 위해 돌아오실 것이다. 우리는 교회로서 할 모든 것을 그날을 기대하며 해야 한다. 우리는 개인 혹은 교회로서 계속 예수님의 재림을 우리 마음속에 첫째로 담아둘 수 없다(비록 우리가 더 자주 그것을 생각하고 말해야 하지만). 우리가 할 수 있는 것은 지속적인 신실한 봉사로 그분의 재림을 준비하는 것이다.

재림은 우리의 모든 계획과 프로그램을 상대화시킨다. 그것은 우리에게 비록 지금은 우리가 믿음으로 그 통치를 보지만, 하나님만이 통치하신다는 것을 상기시킨다. 환원이 목적지가 아니고 여정이라면 우리는 목적지를 가지고 있다는 것을 기억해야 한다. 우리의 순례는 새 예루살렘을 향한 것이다. 우리의 움직임은 정확히 그것, 하나님의 심장을 향한 여정이다. 우리는 다시 그분만을 원하는 것을 배워야 한다. 예수님이 오셔서 우리가 얼굴을 맞대고 하나님을 보는 그날을 기대하면서 그분이 속히 오시기를 기도한다.

토의 문제

1. '환원' 은 여전히 실행 가능한 개념이고 고상한 목적인가?
환원이란 말로 우리가 의미하는 것은 무엇이어야 하는가?

2. 그리스도인의 일치를 위해 우리가 할 수 있는 구체적인 방법은 무엇인가?

3. 교회의 선교는 우리가 다른 문화의 선교를 다루는 방법에 어떻게 영향을 주는가?

4. 우리는 어떻게 예수 재림의 긴급성을 때때로 무시해 왔는가?
우리는 어떻게 그 긴급성을 회복할 수 있는가?
그것은 교회로서 우리에게 어떤 영향을 주는가?

5. '그리스도의교회들' 에 영적 각성의 증거는 무엇이라고 보는가?

6. '그리스도의교회들' 이 다음 20년 동안에 어떤 교회가 되기를 원하는가?

참고 도서

Allen, C. Leonard. *The Cruciform Church: Becoming a Cross-Shaped People in a Secular World*. Revised and enlarged edition. Abilene, Texas: Abilene Christian University Press, 2006.

Allen, C. Leonard, Hughes, Richard T. and Weed, Michael R. *The Worldly Church: A Call for Biblical Renewal* (Abilene: ACU Press, 1988).

Dunnavant, Anthony L., Hughes, Richard T., and Blowers, Paul M. *Founding Vocation and Future Vision: The Self-under-standing of the Disciples of Christ and the Churches of Christ* (St Louis: Chalice Press, 1999).

Foster, Douglas A. *Will the Cycle Be Unbroken? Churches of Christ Face The 21st Century* (Abilene, Texas: ACU Press, 1994).

Holloway, Gary and John York, editors. *Unfinished Reconciliation: Justice, Racism, and Churches of Christ*. Abilene, Texas: ACU Press, 2002.

Long, Loretta M. *The Life of Selina Campbell: A Fellow Soldier in the Cause of Restoration.* Tuscaloosa: University of Alabama Press, 2001.

Paulsell, William O. *Disciples at Prayer: The Spirituality of the Christian Church* (Disciples of Christ). St Louis: Chalice Press, 1995. See Pages 1-24.

Richardson, Robert. *Communings in the Sanctuary*. Abilene, Texas: Leafwood Publishers, 2000.

Shelly, Rubel and Harris, Randall J. *The Second Incarnation: A Theology for the 21st Century Church* (Revised Edition, Abilene, TX: HillCrest Publishing, 2001).

Woodroof, James S. *The Church in Transition* (Searcy: The Bible House, 1990).

19세기 미국 환원 운동의 배경에 대한 최고의 역작

“《환원 운동의 뿌리》는 미국 ‘그리스도의교회들’ 이 자신들의 유럽 및 미국적 뿌리를 재발견하게 도와주는 중요하고도 흥미진진한 책이다.

나는 이제까지 이런 공헌을 한 책을 본 적이 없다.

저자들은 환원 역사의 문헌에 오랫동아 비어 있던 간격을 메꾸어 주는 재미있는 학문적 정보를 제공하고 있다.”

《환원 운동의 뿌리》 표지

—제리 러서포그(Jerry Rushford), 페퍼다인 대학교, 말리부, 캘리포니아

“이 책은 학계에 기념비적 저술이며 교회에 희망을 주는 숨결이다.”

—마크 놀(Mark Noll), 휘튼 대학. 〈리폼드 저널〉(Reformed Journal)

“이 책은 현재 우리가 누구이며 어디로 가야 하는가를 이해하고자 하는 사람에게 꼭 필요한 책이다.”

—먼로 호라(Monroe Hawley), 목사/ 작가 밀위키, 위스콘신

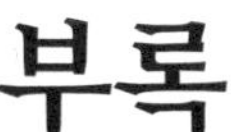

부록

Renewing God' s People

색인

그림색인

Renewing God's People

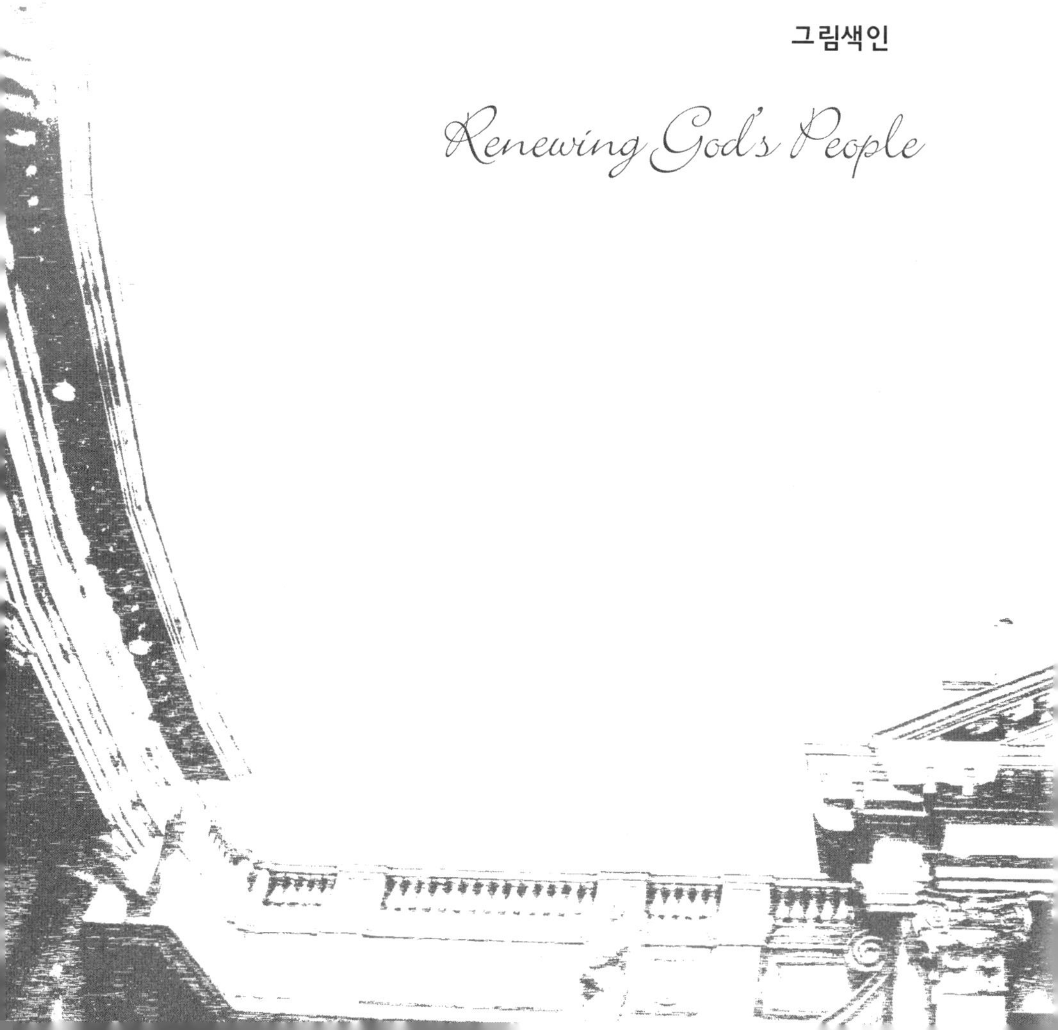

색인

▶ 가

▶ 나

▶ 다

▶ 라

▶ 마

▶ 바

▶ 사

▶ 아

▶ 자

▶ 차

▶ 카

▶ 타

▶ 파

▶ 하

그림색인

▶ 사

▶ 아

▶ 자

▶ 카

▶ 파

▶ 하

'그리스도의교회들' 의 역사
하나님의 백성을 새롭게

2011년 2월 01일 인쇄
2011년 2월 10일 발행

지은이 | 게리 할러웨이 · 더글러스 A 포스터
옮긴이 | 백종구
발행인 | 이형규
발행처 | 쿰란출판사

주소 | 서울 종로구 이화동 184-3
TEL | 02-745-1007, 745-1301~2, 747-1212, 743-1300
영업부 | 02-747-1004, FAX / 02-745-8490
본사평생전화번호 | 0502-756-1004
홈페이지 | http://www.qumran.co.kr
E-mail | qumran@hitel.net
qumran@paran.com
한글인터넷주소 | 쿰란, 쿰란출판사

등록 | 제1-670호(1988.2.27)

책임교열 | 김향숙 · 박신영

값 9,000원

ISBN 978-89-6562-057-0 94230
978-89-6562-058-7 (세트)